本书是国家自然科学基金"基于市场导向的畜牧业标准化运行机理与绩效研究"（71573257）和国家现代肉羊产业技术体系（CARS-39）的阶段性成果。

本书的出版得到了"山东师范大学青年教师学术专著（人文社科类）"的资助。

基于质量与效益提升的
肉羊产业标准化研究

耿 宁 李秉龙 著

Meat Sheep and Goat Industry Standardization
Based on Quality and Efficiency Gains

中国社会科学出版社

图书在版编目（CIP）数据

基于质量与效益提升的肉羊产业标准化研究／耿宁，李秉龙著 . —北京：中国社会科学出版社，2016.7

ISBN 978 - 7 - 5161 - 7513 - 2

Ⅰ.①基⋯　Ⅱ.①耿⋯②李⋯　Ⅲ.①肉用羊 - 畜牧业 - 标准化 - 研究 - 中国　Ⅳ.①F326.3 - 65

中国版本图书馆 CIP 数据核字（2016）第 018015 号

出　版　人	赵剑英
责任编辑	侯苗苗
特约编辑	明　秀
责任校对	杨　涛
责任印制	王　超

出　　　版	中国社会科学出版社
社　　　址	北京鼓楼西大街甲 158 号
邮　　　编	100720
网　　　址	http：//www.csspw.cn
发　行　部	010 - 84083685
门　市　部	010 - 84029450
经　　　销	新华书店及其他书店

印刷装订	三河市君旺印务有限公司
版　　　次	2016 年 7 月第 1 版
印　　　次	2016 年 7 月第 1 次印刷

开　　　本	710×1000　1/16
印　　　张	12
插　　　页	2
字　　　数	203 千字
定　　　价	46.00 元

凡购买中国社会科学出版社图书，如有质量问题请与本社营销中心联系调换
电话：010 - 84083683

目　　录

第一章 导论

第一节 研究背景与意义

一 研究背景

1. 居民食物消费结构发生较大变化，畜牧业发展质量与数量并重

随着我国经济的快速发展和居民生活水平的提高，居民的食物消费结构发生了很大的变化，动物性食品消费在总食品消费中的比例显著提高。与此同时，畜产品的消费结构也发生较大改变，尤其随着猪肉质量安全事件的频发，相对安全的牛羊肉消费比例逐步提高，消费者对畜产品的购买进入有选择的需求阶段。近几年来，城乡居民对高蛋白、低脂肪类畜产品的消费需求稳步增加。1985 年，人均牛羊肉的消费量城镇居民为 2.6 公斤，农村居民为 0.65 公斤；2012 年人均牛羊肉的消费数量城镇居民为 3.73 公斤，农村居民为 1.96 公斤，分别比 1985 年增长 43.5% 和 202%。[①] 然而，保障畜产品充分供给的同时，质量是居民消费的主要影响因素。据相关研究发现，消费者主要关注畜产品的内在质量，比如药物激素残留、疫病及卫生状况等方面。如果这些质量问题能够得到较好的解决，约有 24.4% 的城镇居民将增加肉类购买量（李瑾，2008）。人们对畜产品的需求逐步从数量需求转向质量需求，而"三品一标"[②] 农产品也越来越受消费者喜爱。自 2002 年开始，农业部也逐步推行"无公害农产品计划"，到

[①] 数据来源：《中国统计年鉴》（2013）。

[②] 无公害农产品、绿色食品、有机农产品和农产品地理标志统称"三品一标"。"三品一标"是政府主导的安全优质农产品公共品牌，是当前和今后一个时期农产品生产消费的主导产品。

2012 年年底，全国共认证无公害农产品 75887 个，包括 9474 个无公害认证畜产品，① 由此表明我国畜牧业发展进入质量与数量并重阶段。

2. 肉羊产业生产水平全面上升，产业效益不断提高

作为畜牧业的"朝阳产业"，我国肉羊产业从 20 世纪 90 年代以来，保持了较快的发展势头。1990—2012 年，我国肉羊存栏量由 8931.4 万只增加到 28504.1 万只，羊肉产量由 106.8 万吨上升到 401 万吨，年均增长率为 10.2%。② 与此同时，我国肉羊产业产值占整个畜牧业总产值的比重由 2.8% 上升到 6.6%，产业效益增加明显。在肉羊产量不断增加的基础上，我国对肉羊良种培育、饲料营养以及加工产品等方面进行资金投入和政策扶持，肉羊生产力不断提高，畜禽营养及饲料工业发展迅速。从 1980 年到 2012 年，肉羊出栏率由 22.6% 上升到 95.1%，增长了 4 倍多。每只畜产品的平均活重由 1997 年的 34.77 公斤增加到 2012 年的 40 公斤，增加了近 6 公斤。③ 2011 年的屠宰率平均为 55%（以优良的肉用品种巴美肉羊、昭乌达肉羊、鲁西黑头肉羊为例），胴体净肉率平均达到 75%。与此同时，我国肉羊优良品种的选育与推广迅速开展，良种覆盖率也有了大幅度的增长，到 2007 年，肉羊良种覆盖率达到 50%。④ 这不仅促进了肉羊产业的发展，而且更重要的是整个产业的效益不断提高，农牧民的养殖收入不断增加。

3. 生产效率低下，肉羊产业发展面临资源"瓶颈"

我国畜牧业发展与资源环境承载力密切相关，虽然肉羊产业生产具有一些天然的优势条件，但是从生产上看，随着宏观经济的不断发展，肉羊生产也受到来自非农产业和其他畜牧业发展的压力（李秉龙，2012）。首先，肉羊产业发展受到自然生态环境的约束，针对过牧超载、草原退化的现象，国家制定了一系列草原生态保护政策，比如禁牧、休牧以及以草定畜等制度，最终导致草原牧区肉羊饲养量减少。其次，相较于欧美一些畜牧业发达国家和其他畜种，我国对羊营养需要和饲养标准的研究工作起步较晚，进展也相对较慢。现实情况

---

① 中国农业信息网（http://www.agri.gov.cn/）。
② 数据来源：《中国农村统计年鉴》（2013）。
③ 数据来源：《全国农产品成本收益资料汇编》（2013）。
④ 数据来源：《全国羊遗传改良方案（2009—2020）》。

表明，我国肉羊生产中营养供给不能满足需要或营养供给过多引起肉羊生产（长）性能变差或饲料资源浪费的问题非常突出，肉羊生产效率低下，这种现状与现代养羊业中追求效益最大、成本最低、生态最优的目标不符。因此，如何在资源环境的硬约束下，提高肉羊生产效率，满足日益增长的羊肉产品消费是目前亟须解决的问题。

4. 养殖方式粗放，组织化程度低，制约着畜牧业的可持续发展

与发达国家相比，我国肉羊养殖方式仍然较为传统和落后，饲养仍以一家一户小而散的粗放饲养为主，养殖规模基本上仍表现为"小规模、大群体"，规模化程度比较低，尚未形成科学饲养、标准化管理的饲养模式。如果按年均出栏100只以上为标准，2010年我国肉羊的规模化比重仅为22.9%。这种以家庭户养为主的养殖方式，既给原料肉质量安全水平提升和重大疫病的防控带来巨大风险，也严重影响了肉羊杂交改良、饲料营养、舍饲等先进技术的普及与应用，制约了整个肉羊产业生产能力的提高。从另一个方面来看，我国大多数养殖户仍然是分散经营，农户间的组织化程度低，参与市场竞争力弱。具体体现在以下两个方面：首先，肉羊产业链不健全、产业化组织程度低、农户和企业之间的利益联系不紧密，直接导致羊肉产品的加工程度不高，多数屠宰加工企业仍以初级加工为主，产品附加值低，市场适应能力差，因此，很难形成自己的品牌，严重制约了肉羊产业的发展壮大。其次，缺乏职能完善的行业协会。目前我国的农产品行业协会在会员数量和行业产量上缺乏代表性，职能方面或偏重于管理而服务不够，或偏重于服务却不到位。

5. 绿色壁垒高筑，畜产品国际保护贸易盛行

WTO发布的《2005世界贸易报告》，重点内容是讨论标准与国际贸易的关系。该报告中明确指出，在消除信息不对称以提供真实信息、降低或避免使用超标污染物以保护生态环境、实现有关商品或服务兼容等方面，标准发挥了不可替代的作用。因此，标准作为一种新型的竞争手段，对国际市场上贸易产生重要影响。越来越多的国家用标准作为一种绿色壁垒，以此要求进口商品达到较高的技术和质量标准。由于各国在经济、科技以及居民的消费偏好方面存在较大差异，或者出于政治动机实行明显的贸易保护主义，因而各国制定或执行标准也有所不同。WTO和ISO等国际组织在统一国际标准方面也存在一

定难度。近年来，农产品贸易是各国实行贸易保护最严重的领域，世界农产品平均关税水平高达 62%，非关税性贸易壁垒有增无减，发达国家利用技术的相对优势，技术性贸易壁垒逐步趋向制度化、法律化，全程食品安全控制逐渐成为发达国家进口食品的市场准入新标准，严重影响了我国农产品出口。欧盟在一些农产品设定农药残留限量标准时，大量采用"零容忍"的标准。从国际贸易来看，中国是典型的"生产大国，出口小国"，在世界羊肉出口贸易中所占比例非常小。究其原因在于我国羊肉产品国际竞争力比较低，其更深层次的原因在于我国肉羊产业化水平低，羊肉产品技术标准低，自主品牌少，因而缺乏国际市场质量优势。并且我国现行标准体系中还存在着一些制约因素，难以形成国内标准的"大国效应"。比如，国际标准采标率低、国家标准内容之间不协调、标准的技术水平比较低、市场适应性比较差、相当比重的标准陈旧且更新速度缓慢。因此，我国羊肉产品在面对绿色壁垒的国际市场竞争时，面临着极大的压力和挑战。

6. 产业政策调整，为肉羊产业标准化发展提供动力来源

虽然畜产品消费的增长促进了我国畜牧业较快的发展，然而在"三聚氰胺"、"瘦肉精"、"六合鸡"、"假羊肉"事件发生后，中国的畜牧业生产遭到巨大影响，出现了信任危机。为了解决安全优质畜产品的供需矛盾，提升畜产品的质量安全水平，以满足消费者日益增长的需求，畜牧业标准化规模养殖被认为是解决问题的出路，成为政府引导和鼓励发展的方向。2007 年国务院下发《关于促进畜牧业持续健康发展的意见》，明确提出了我国现阶段畜牧业生产正由单一追求数量朝数量、质量、品种并求的多元化方向转移。2011 年农业部发布"十二五规划"① 等各项政府文件，并制定一些措施和产业政策，如通过良种补贴、投资育种、繁育、饲料、圈舍设计、育肥、防疫等相关技术的研发，以及建设标准化规模示范场等来促进肉羊规模经营

---

① 农业部 2011 年 9 月 7 日印发的《全国畜牧业发展第十二个五年规划（2011—2015 年）》对于肉羊发展提出"大力发展舍饲、半舍饲养殖方式，引导发展现代生态家庭牧场，积极推进良种化、规模化、标准化养殖"。

发展。2012 年和 2015 年中央"一号文件"①都强调了推进农业标准化生产，提升农产品质量安全水平。2011 年，第一批农业部畜禽标准化示范场总共有 475 个，其中包括 44 个肉羊标准化示范场。2012 年，国家实施肉羊标准化规模养殖场（区）建设项目，大力扶持肉羊主产区内蒙古、新疆等 7 省（区）建设肉羊标准化规模养殖场，以标准化建设提升我国羊肉产品数量和质量，表明我国政府对肉羊产业标准化发展给予了一定重视。

因此，综合以上来看，虽然我国肉羊产业发展迅速，产业前景光明，但面临着生产效率低下、养殖方式粗放、产业化组织程度低等问题，在这样严峻的形势下，肉羊产业标准化发展如何实现羊肉产品质量水平提升和经济、社会、生态效益增加的目标，是本书值得深入研究的重点。

二　研究意义

从国际视角看，随着包括肉羊产品在内的畜产品贸易的不断发展和消费者对畜产品内在质量关注度的日益提高，规模化、专业化、标准化占主导地位的发达国家畜产品产业链优化进程加快，以澳大利亚、新西兰为代表，标准化、产业化程度高是其肉羊产业发展成功的关键。这些成功的经验越来越引起社会各界的普遍关注，相关研究相继出现。但目前，国内外对小规模生产占主导地位背景下的畜牧业，特别是基于产业经济学视角的肉羊产业标准化发展的系统研究还是空白。因此，根据以标准化相关理论为基础，探讨肉羊产业链产前（育种、饲料营养）、产中（养殖）、产后（屠宰加工）诸环节标准化的运行机理和实施绩效，其研究成果具有重要的理论价值和现实意义。

1. 理论意义

本书基于质量和效益两维视角，立足于中国畜牧业发展的基本现状，以产业经济学为切入点，重点剖析产前、产中、产后各环节畜牧业标准的采用及实施的动态发展中所遇到的问题及产生的经济、社会

---

① 2012 年中央"一号文件"提出"要加快推进农业生产的区域化布局、标准化生产和规模化种养，提升'菜篮子'产品的质量安全水平"。2015 年中央"一号文件"提出"加大对生猪、奶牛、肉牛、肉羊标准化规模养殖场（小区）建设支持力度，实施畜禽良种工程，加快推进规模化、集约化、标准化畜禽养殖，增强畜牧业竞争力"。

和生态效益。因此，本书主要以规模经济理论、公共物品理论、外部性理论、交易费用理论和标准经济学理论为基础，从肉羊产业链的角度构建中国肉羊产业标准化的逻辑框架。针对肉羊产业标准化的经济研究，已有的数据资料和相关研究成果极为有限，更多的研究工作需要在统计分析和典型实地调研的基础上进行。因此，本书的成果在一定程度上可以填补国内关于肉羊产业标准化研究的空白，从而有助于丰富和完善产业经济和畜牧业经济的理论体系。

2. 现实意义

本书的现实意义首先在于，通过对肉羊产业标准化研究可以为国家和各级政府制定和优化肉羊产业政策提供理论和现实依据，为相关产业政策制定和科学决策提供典型参考和借鉴样本。其次，通过对标准化的作用机理、经济实体对标准化生产行为选择的影响因素以及标准化经济效益评价进行分析，有助于为从事肉羊标准化生产和屠宰加工的农户和相关企业提供更为成熟的经验借鉴。最后，本书的成功经验借鉴将有助于农户或企业等经济实体选择肉羊标准化生产，实现质量和效益的提升，尤其对构建和谐的产业组织与合作方式，延长与优化产业链，实现肉羊产业乃至整个畜牧业的可持续发展意义深远。

第二节　国内外研究现状

一　关于农业标准化的相关研究

（一）基本概念的界定

（1）标准的含义。通过对历史上关于标准的经典定义进行归纳得出，从技术层面看，标准是一种特性文件，对计量单位或基准、物体、动作、过程、功能、性能、概念或想法等的某些特征给出定义，作出规定和详细说明（J. Gaillard，1934），是非强制性的，为产品或其加工或生产方法提供规则、指南或特性的文件（WTO/TBT）；从经济层面看，标准是不同利益集团协调所形成的合约（产物），是以科技成果和先进经验为基础，由各方共同研究、合作起草的操作章程或技术规范并由标准化团体批准（T. R. Sanders，1972）（GB 3935.1—83，1983）；从社会层面看，标准是获取市场秩序和社会效益的规则

（ISO/STACO，1983）。

（2）标准化的含义。标准化就是在一定区域或范围内，为了实现综合效益最大化或获得有效秩序，对实际存在或潜在的经济活动制定共同遵守或重复使用指导性文件的活动（GB/T 2000.1—2002）。更确切地说，标准化是既包括利益协调形成标准的过程，还包括参与者遵守、贯彻标准及其纠偏的活动，最后达到预期的最佳秩序（于冷，2007），其中标准化活动由制定、发布和实施标准所构成（张征，2003）。综观国内外相关研究，标准化的内涵体现为以下几个方面。

一是标准化强调了其为一项活动。这项活动由三个关键环节组成，即制定标准、发布标准和实施标准（松浦四郎，1972；张征，2003；于冷，2007）。另外，还包括对实施标准的监督（《中华人民共和国标准化法》）。

二是标准化是在一定区域或行业内的活动（Henk De Vires，1975；王征，1981；范生伟，2003）。比如，国际标准、国家标准、行业标准、地方标准或企业标准都有其适用的范围。

三是标准化的实施效果通过具体实施环节才能显现（T. R. Sanders，1972；ISO/STACO，1983）。因而，实施与贯彻标准是标准化活动中的关键环节。

四是标准化的目的是"实现综合效益最大化或获取最佳秩序"（J. Gaillard，1934；叶柏林，1983）。当然，综合效益和最佳秩序可以体现在多方面，从经济学角度来看，降低经济实体经营成本，增加市场信息的对称性，提高交易效率，保证和提高产品质量，保护消费者和社会公共利益。从管理学角度来看，标准化是按照标准体系进行的生产、管理以及环境的标准化活动，其目的是获得最佳秩序，进而提高生产效率。比如在生产过程中执行 GB/T 19000 质量标准体系，规范生产，优化工艺，提高效率。

（二）农业标准化的含义

目前，国外对农业标准化的相关界定，包括由鲁道夫·斯蒂纳（Rudolf Steiner）于 1924 年提出的有机农业（Organic Agriculture），以及诞生于 20 世纪 60 年代、目前被西方发达国家广泛用于食品安全质量控制中的"危害分析和关键控制点"（Hazard Analysis Critical Control Point，HACCP）。

　　国内研究对农业标准化含义界定存在不同观点，按标准化行为属性可分为过程论和活动论。过程论认为农业标准化是指农业生产经营活动以市场为导向，在执行相关标准的基础上，应用先进的科学技术，生产相似的规格尺寸和一定包装形式的农产品过程。他们强调农业标准化是一个过程，而不是一个结果（李忠海，2003；罗凯，2004）。活动论认为农业标准化是指在农业范围内的标准化活动，它遵循统一、协调、简化、优选的原则，通过制定和实施相关标准，把产前、产中、产后各个环节纳入规范化的生产和管理轨道（钱永忠，2007）；农业标准化是一种实践性、应用性极强的科技活动和社会经济活动（黄少鹏，2008）。

　　农业标准化按照研究目的分为产品（生产）论和市场论。从产品生产的角度来说，农业标准化是通过制定和实施标准，贯穿于农业生产的产前、产中、产后全过程，从而推广、普及先进科技成果和经验，并应用于生产实践中（于冷，2000），把农业生产的全过程纳入标准生产和标准管理的轨道（杨汉明，2001），实现农业生产的规范化、制度化管理（王芳，2007），从而确保农产品的质量和安全。从市场需求的角度来说，农业标准化就是为了满足市场需求，根据消费者对质量安全农产品的需求，根据质量标准体系全程监控农业生产，最终向市场提供高品质、安全、合乎标准的农副产品（王明琴，2001）。还有学者认为农业标准化不仅为了满足市场需要，提升产品质量安全水平，而且也为了改善生产、生态环境，减少有害物质的使用，获得最佳的经济、生态、社会效益（雪燕等，2005）。

　　再者，农业标准化不仅仅局限于生产环节，还包括产后的初级加工、深加工、保鲜、储存、包装、流通等环节相关的技术标准和操作规范，这些标准共同组成了农业标准的内容（金爱民，2011）。

　　综合以上研究观点，国内学者对农业标准化含义的界定经历了一个逐步深入的过程，从对现象的简单描述到对实现目标的详细阐述。从按照标准规范生产到以市场导向为前提进行生产，不仅提升了产品的质量水平，而且促进了科技进步。标准化的目标不仅获取的是经济效益，而且还包括生态效益和社会效益。

（三）农业标准化的作用机理研究

1. 基于生产者视角的农业标准化作用研究

　　首先，关于农户生产行为的研究。学者们认为市场失灵对农户的最优化决策有显著影响（Bardhan，1999），农户"理性经济人"的特性，反映了其依据市场变化来追求自身经济效益最大化的行为决策（Carter & Olinto，2003），通过资源禀赋的优化配置，农户可以较好地应对市场变化，以规避实际或潜在的市场风险，同时也可以从高回报的农业生产活动中获取较高利润（Barrettet et al.，2006）。然而，农户规避风险的意识与其预期收入有关系，虽然一味地规避风险有可能会影响或减少最低收入水平，但相反的是，如果预期收入高于最低收入标准，那么农户自然而然会有规避风险的意向（Pratt，1964；Arrow，1970）。值得学者关注的是，国外对于农户生产行为选择的研究往往是基于农户行为理论模型。举例来说，学者通过建立农户行为模型，研究农户为了获取最大效用，应如何合理分配用在农业生产、非农生产和闲暇活动的时间（Singh et al.，1986）；运用农户生产行为模型对不同生产经营模式、不同活动领域的农户劳动力供给选择行为进行了经济学解释（Saldcmlet，1998）。

其次，关于专业合作组织生产行为的相关研究。造成我国农户的市场交易成本较高的原因可以归结为市场信息不对称、农户间组织化程度低和农户的机会主义等因素（何坪华、杨名远，1999）。农民专业合作组织是农户在自愿互助的基础上，以成员的利润最大化或成本最小化为目的的企业（耿宁、李秉龙，2014），由于利润共享，生产者合作组织内部能够形成互相监督的机制，减少组织成员的机会主义，从而有动力提供质量安全的产品；还可以提高农户市场谈判能力，获取市场竞争优势（许淑琴，2010）。合作组织与公司的密切协作，可以充分利用公司具有管理科学、资本集中、应变灵活、交易成本低等优势，使其成为农业经济发展新的推动力（成新华、温菊萍，2008）。订单农业是一种新型发展模式，小规模农户通过订单农业可以获得一定的生产技术和资本，进而降低了农产品销售所存在的不确定风险（Warning & Key，2002）。

最后，对生产者参与农业标准化生产的行为研究。学者们发现实施 DC - PS 标准促使农民加强农业生产过程中对自身的保护（Okello Julius & Swanton Scott，2010），而影响肯尼亚农民对咖啡进行标准化生产的驱动因素，主要有预期收益、咖啡产量、施药次数（Kirumba E. G. & Pinard. F.，2010）。政府制度供给和公共服务是农业标准化的必然要求，标准的制定应该在法规的引导下以农户和企业为主导（李增福，2007）。比如，无公害、绿色、有机农产品的认证制度在一定程度上减少了或禁止农户农（兽）药的使用量（李光泗等，2007）。政府支持因素对小农户实施农业标准化生产的影响最大（王芳等，2007），农民对标准化知晓程度、标准化预期效益和生产投入是影响农业标准化的主要因素（张宝利、刘薇，2010），农民受教育程度直接影响着农业标准化的推广与实施（黄文华、林燕金，2008）。从标准化实施效果来说，农业标准化虽然增加了农业投入，但是由于产业化程度的提高，降低了交易费用，产品价格要高于普通农产品，增加了农户种植效益（王慧敏、乔娟，2011），同时，参与标准化生产也能有效提高农户的食品安全认知（赵荣、乔娟，2011）。

目前，国内外学者针对农业领域内标准化生产的相关问题已进行了大量的理论和实证研究，并形成了一系列的共识。从理论层面上来讲，农产品质量安全问题主要归因于交易过程中的信息不对称和解决信息不对称所需支付的交易成本过高两大根源（胡定寰等，2006；周应恒等，2008）。在交易成本为零的情况下，市场会达到有效率的结果（Coase，1960），而标准化可以帮助消费者减少评估和确保产品的质量特征，减少交易成本，促进市场交易，从而纠正市场失灵（Leland，1979；Tassey，2000；Jones & Hudson，1996），同时随着交易数量的增加实现了规模经济（Kindleberger，1983）。具体到国内研究，多数学者认为标准化是食品安全问题的基石，标准化标签是保障食品安全的"安全银针"，不仅可以增加市场信息透明度，降低交易成本，提高市场竞争力，促进农业产业化进程（温铁军，2007；宋明顺，2007；周洁红等，2010），而且可以改善产地生态环境，促进农业可持续发展（于冷，2004）。

从标准化生产的实证研究来看，主要集中在两个方面：一是标准化生产的行为与动机研究。国外学者通过因子分析及 Logistic 等实证模型得出：农场的规模、生产的产品和品牌以及是否参与国际贸易、是否加入合作社等影响采用标准化行为的因素（Turner，2000；Spencer Henson & Georgina Holt，2002），并且农场的标准化行为也会因农场主年龄、培训时间、专业化程度、产业危机意识的不同而相异（Vuytsteke，2003），学者们一致认为政府在农业标准化认证过程中发挥着更大的推动作用。二是标准化实施绩效的研究。国内外学者从成本和收益的角度对标准化实施进行实证研究，结果发现进行标准化认证所取得最直接、最有价值的收益是与利润相关的（Profitability Related），其绩效指标可以通过利润、成本、员工主动性以及企业存活能力等来体现（Laurian & Helen，1996；Vuylsteke，2003；王翔，2008）。对于农业标准化示范区来说，总产值和亩均产值的增加比较明显（金爱民，2011），而农民专业合作社参与标准化生产，实施标准化的收益远大于成本（王翔，2008）。

2. 基于消费者视角的农业标准化作用研究

一是纠正市场失灵，消除信息不对称性。Akerlof（1970）指出信息不对称将导致逆向选择和严重的市场失灵。因而，容易出现农产品市场的"柠檬现象"。对于如何解决产品质量信息不对称问题，国内外研究成果比较丰富。比如，通过质量信号传递机制（Spence，1973）、品牌信誉（Klein & Leffler，1981；Shapiro，1983；Allen，1984）、质量担保和退货机制（Gal – Or，1989；Faulhaber & Yao，1989）等措施来改善消费者与市场信息不对称的问题。另外，与工业产品市场不同，农产品市场面临较大的不确定性，容易产生"柠檬市场"（耿宁、李秉龙，2013），并因此带来较大的交易成本。进行标准化生产可以规范源于机会主义行为，而形成的一种制度安排（郭慧伶，2003），标准化减少了消费者评估产品质量的成本（Jones & Hudson，1996）。在市场中最低质量标准是解决信息不对称问题的一种办法（Leland，1979）。

二是标准化减少了市场交易成本。通过各种标准体系的建立，如ISO 9000系列、最低质量标准、"三品一标"农产品认证标准，可以降低消费者的搜寻成本，并且因交易数量的增加而使规模经济成为可能（Kindleberger，1983）。因为标准可以作为衡量产品质量的一种手段，也可以减少消费者对不同产品质量的选择的成本（Foss，1996），进而减少了交易成本，促进了市场的交易（Barzel，1985）。

三是标准化为消费者提供了质量安全的产品。标准化是解决食品安全问题的路径之一，食品安全问题的核心症结，除了监测成本高和技术性强之外，更在于食品标准不完善（张郁晖，2006）。农业标准化是对农业产前、产中、产后全过程进行规范化、标准化运作（耿宁，2014），不仅可从源头控制农产品安全（周洁红等，2009），而且有助于加快我国农产品质量安全体系建设（路浩文等，2004）。

（四）农业标准化的经济效应研究

综观国内外对农业标准化经济效应的研究，主要从宏观和微观两大领域展开。宏观领域重点研究标准化的经济增长效应和对国际贸易的影响，微观领域主要以生产经济组织为研究对象衡量标准化的实施绩效。

首先，基于宏观视角的农业标准化经济效应研究。①标准化的经济增长效应。20世纪90年代末期，德国学者围绕标准对一国或一定区域内经济增长的贡献做了大量系统的研究。政府标准对本国经济能够产生促进作用，Blind（2004）通过扩展的C－D函数验证了本项结论，研究结果显示，标准化的实施与推广，对本国宏观经济增长的贡献率达到20%—30%，仅次于资本积累的贡献。具体来说，标准是先进技术的载体，标准化活动有利于科技知识的传播与扩散，进而推动了经济增长。在此研究基础之上，英国经济学家Temple等（2005）利用英国官方数据，评估了在1948—2002年，标准对英国经济增长的贡献。研究发现，在此期间，英国年均经济增长率为2.5%，其中科技对经济增长的贡献份额为1%，而标准对技术进步的贡献份额要占到1/4以上。随后，法国、意大利的经济学家也对标准的经济增长效应进行了估算，并与德国和英国的研究结果进行了对比，得出经济增长1%，标准的贡献份额在5%—10%，略低于之前对单个国家进行评估的研究结论（Blind & Jungmittag，2008，2011）。王艳花（2012）通过对陕西农业标准化情况进行分析得出，当农业标准的数量增加1%，人均农业产出增加2.92%，这表明标准化的实施与推广对某一区域的农业经济增长的作用是显著的。②标准化与农产品国际贸易。标准化对国际贸易的影响体现为促进和抑制两个方面。从某种意义上来说，标准可以成为保护本国贸易的一种手段，如果技术标准制定较高，可以在一定程度上有效抑制农产品进口。但对农产品执行统一标准，将有利于消除贸易壁垒，促进国际贸易的发展（Boom，1995）。对发展中国家而言，影响农产品国际贸易的最大因素就是发达国家依据WTO中的SPS协定制定较高质量要求的技术标准，这种标准形成一种隐性贸易壁垒，不利于发展中国家拓展农产品的国际贸易，也削弱了发展中国家参与国际市场竞争的能力（Henson S. & Loader R.，2001）。以土耳其出口西红柿为例，由于进口国（欧盟）对产品标签要求严格，使得土耳其西红柿出口企业的经营成本额外增加了29%，最终几乎无利可图（Tellioglu I.，2011）。众所周知，美国、加拿大、欧盟等发达国家对肉类及其制品执行严格的强制性卫生标准，新西兰肉类产品由于达不到以上国家标准要求，出口受到很大限制（Cao K. & Johnson R.，2006）。由以上研究可以发现，标准作为一种隐性的竞争手段，对国际贸易的影响是极大的。但是也有学者从技术角度进行研究，认为标准化有利于先进技术的普及并能增加实施主体的经济效益，从而加速国际贸易发展进程（Gregory，2000）。

其次，以企业或农户等微观经济实体为对象，对标准化的实施绩效进行实证与理论研究。以丹麦果蔬市场为例，实施标准化生产可以有效降低生产经营中的管理成本、沟通及消费者信息搜寻等交易成本（Kirsten F.，1996），同时实施标准化也会对企业产品的研发创新产生影响。通过对马来西亚中小企业的实地调研，发现这些企业在采用HACCP标准后，企业的生产效率得到大大提高（Zulfifly M. I.，2010）。农业标准化实施产生的经济效果或绩效，包括经济、社会和生态三个方面（陈晓丹，2005；巩惠，2007；耿宁，2014）。其经济效果体现为劳动效率的提高、劳动成本和生产资料的节约以及产品质量安全的保障等方面（黄少鹏，2008），另外，标准化也是农民增收的重要途径之一，通过提高农产品附加值，有助于实现农民增收（巩惠，2007；耿宁，2014）。社会效益主要体现为众多利益主体相互联系而获得效果和收益，比如农业标准化示范区（场），通过吸纳企业、合作社或农户共同参与标准化生产，实现了企业和农户的共同富裕，带动周边上下游产业协同发展，产生较好的社会效益。生态效益就是通过制定与实施严格标准，减少或禁止使用有害投入品，以维护和保持生态环境平衡为目的，稳定生物的生理特性，实现资源持续利用和农业可持续发展。分析时要注意把近期效果和长期效果、当年效果和长远效果结合起来（耿宁，2014）。

二　关于畜牧业标准化的相关研究

为了适应加入WTO对我国农业标准化的要求，我国的标准化工作越来越受到重视，标准化应用范围不断扩大，已经涉及农、林、牧、渔各个行业，由单一产品标准拓展、延伸到产前、产中、产后的全过程。种植业以种子种苗为龙头，全面修订了原有标准。在畜牧业领域，国家或农业部先后鉴定并颁布了一系列包括金华猪、金定鸭、北京油鸡、马头山羊、阿尔泰羊等畜禽品种标准，同时也借鉴发达国家的相关标准内容并融合到我国技术标准范畴。当前国内对畜牧业相关研究重点集中在畜牧业增长方式的转变、产业结构的调整、适度规模经营以及畜产品消费、国际贸易等相关方面，对畜牧业标准化的相关研究甚少。有些研究只是停留在畜牧业标准化发展存在的问题及对策、影响因素等方面，并未对畜牧业标准化的经济绩效和运行机理做深入研究。反观国外有关畜牧业标准化的研究成果颇丰，通过对其研究文献进行梳理与归纳，国外研究主要从以下几个方面展开。

1. 畜牧业标准化的行为与动机研究

以英国奶业为研究重点，有学者对从事英国奶业经营的企业，采用 HACCP 标准体系的动因进行分析，主要采用因子分析模型，结果显示行业压力、生产效率、市场需求、良好规范秩序为主要动机因素。另外，依据被调研者的基本特性，如公司规模、产品类别和品牌等发现四种不同特征的公司具有不同的标准化动机，证明单个公司在采用 HACCP 进行质量控制问题上存在着系统差异（Speneer Henson & Georgina Holt，2000）。

还有学者对德国（猪肉、禽类养殖）的行业标准采用情况进行分析，通过抽样调查的方法，对数据进行有序 Logit 回归，剔除不显著变量后，对影响标准化的动机因素进行分类。研究结果显示其动机受行业变量影响较大，比如品牌影响力、企业形象以及市场份额的扩大等。其中禽类养殖户为了提高养殖效率、降低成本有进一步采用标准化体系的动机，但是生猪养殖行业的动机不明显。在各类调研者基本特征的统计描述中，其中年龄指标对标准化行为产生影响（Enneking，2005）。

有学者对比利时畜牧业（以奶类、生猪、肉牛为例）的初级生产者——农场进行了实证调研，对调研数据进行了统计分析，结果显示影响各农场进行标准化生产的原因在于需要技术培训、建立并记录生产档案以及严格的管理程序，这些环节增加了农场主大量的资金、设施以及时间的投入。而且对已经采用标准化体系的农场进行分析，其标准化行为因员工年龄、专业化程度、市场竞争以及行业危机意识的不同而有所差异。政府或其他行业协会对实力较弱的农场进行资金或政策支持，而且对于标准化认证发挥了更大的作用，因而信誉较好的农场主有意愿通过进行标准化而获得谈判力（Vuytsteke，2003）。

Turner 等（2000）对南非生产畜产品的农场进行研究，并且所选取的农场均采用 ISO 9000 系列标准，研究发现农场规模、实施标准的年限、产品是否出口、是否参加合作社等指标是影响其采用 ISO 9000 产品标准的主要因素。而消费偏好的改变（如减少红肉的购买）、产业结构的调整、公众对食品安全性的关注度以及安全立法四个方面是影响英国肉牛产业是否建立质量保障系统（QS）的动因（Fearne，1998）。另外，据调查发现，ISO 9000 系列标准体系认证已经成为英国肉类产业的行业规范。标准体系的执行是由加工商、供应商、批发零售商共同推动进行的。因此，任何进行该标准体系认证的企业认为，其标准化认证的结果可能有利于扩大市场份额，尤其对于中小型企业，为了获取更加有利的市场竞争优势，进行该标准体系认证是一种有效途径（Lokman Zaibet & Maury Bredahl，1997）。

2. 畜牧业标准化成本和收益的研究

从事畜牧业标准化的经济组织，成本与收益是其关注的主要问题。对美国 500 家经过标准体系认证的公司进行调查，其中 90% 以上的公司在 3 年内已经收回（或预期收回）标准认证成本（SGS Yarsley，1992）。1991 年 PERA International/Salford 大学商业服务公司，对 2317 家使用 DTI 质量标准的公司进行了电话采访，其中有近 30% 的公司认为，采用 BS 5750 标准大大改善了本公司的运行效率。Deloitte 和 Touche 与 Quality systems UPdate 合作，对 1700 家美国和加拿大的认证公司进行了调查，结果发现认证使得这些公司平均每年节省 17900 美元（王翔，2008）。

国外研究学者对畜牧业标准化的成本和收益进行了实证分析，以英国肉牛产业为例，通过对实行 ISO 9000 标准体系的经济组织进行成本收益的测算，结果发现，供应商的标准体系认证给消费者和加工商带来直接收益，其中加工商增加了 50% 以上的收益。而且相比于标准化认证收益，认证成本所占比例较小，并不影响中小型企业对其采用。即使该产业标准化的投入成本还包括生产设施和员工培训，但最主要的问题是通过培训增加了员工和管理人员的主动性（Sylvie Berthelot，2003）。

3. 公共标准和私人标准的研究

标准一般分为强制性和推荐性标准，随着居民健康意识的增强，政府对食品质量安全进行严格控制，比如 HACCP 等体系在美国、欧盟、日本等发达国家都归为强制性标准实施。尤其是在北美及欧洲一些国家相继出现的大规模食源性疾病导致了国外标准化体系不断转变。国外标准化体系传统的角色也从降低交易成本转向为差异化产品和细分市场这一新角色。与此同时，大量私人标准也随之涌现，比如一些大型连锁或跨国公司，为了树立品牌形象，关键是产品差异化以满足不同消费人群的偏好，同时为了获得较大的品牌收益，会主动制定私人标准（Reardon，2002）。由此而出现的公共标准与私人标准相互补充关系以及政府对这一变革发挥的作用和职能定位，目前已经引起标准化研究学者们的普遍关注。当然，私人标准的兴起都是以企业内部的高度一体化为基础，与供应链内大型连锁零售商的兴起紧密相关（Giraud，2006）。

三　关于肉羊产业的相关研究

关于肉羊产业的相关研究主要集中于宏观产业发展研究和微观肉羊生产决策研究两个方面。

（一）有关肉羊产业发展的相关研究

1. 国内外肉羊产业的现状及特征

20 世纪 50 年代以后，世界养羊业的生产格局发生较大变化，加上居民生活水平的提高，人们对羊肉的需求与日俱增，对于生产者来说，羊肉的生产收益远高于羊毛生产（Terence Farrell，2007）。因而，世界养羊业进入以肉为主的新阶段，加速了肉羊产业的发展（Stuart Mounter et al.，2007）。在这个发展过程中，以欧盟、澳大利亚、新西兰为典型代表的发达国家在新品种选育、饲料营养、屠宰以及生产模式等方面优势明显，乌达巴拉等（2008）、石国庆等（2007）、刘芳等（2007）在总结养羊发达国家主要特点基础上，提出了中国肉羊产业发展的基本思路。发达国家肉羊生产的主要特点是：第一，一般都有产肉性能好、发育快、早熟及繁殖率高的优良地方品种；第二，发达的肉羊品种繁育体系、疫病防控体系及其他服务支撑；第三，肥羔生产在羊肉生产中占有很大的比重，并且肥羔的生产形成了良种化、规模化、专业化、集约化的生产模式；第四，为了提高羊肉的产量及品质，肉羊生产发达国家都很注重经济杂交技术的广泛运用，并且获得了显著的收益（时悦，2011）。可以说，发达国家的肉羊生产已经由专业化、标准化、集约化经营方式所取代，进入现代畜牧业发展阶段（William F. Hahn，2004；Andrew Muhammad，2004）。而我国虽然处于肉羊产业快速发展的阶段，但是养殖方式仍以粗放经营为主，规模化比例偏下，在肉羊育种、畜牧机械、草原改良及配合饲料工业技术等方面仍存在很大的改善空间，也是目前中国肉羊产业发展面临的主要问题。

2. 肉羊产业竞争力的研究

从国际贸易来看，我国虽是羊肉生产大国，但却是出口小国、进口大国，羊肉及其产品的国际竞争力很弱。就如何发展我国肉羊产业，提高产业的竞争力，国内研究成果日益丰富。

首先，从国外发达国家的发展实际来看，其经验主要体现为：一是产业化、一体化的经营模式，这种模式确保了产业链各环节的协调与控制（Paul Keatley，2009），通过产业链整合，促进了利益主体纵向协作关系形成，减少交易成本，平衡主体间利益分配，提高了整个产业的运行效率和效益，增强了其市场竞争力（Fraser, I., 2001）。二是养殖技术方面，依靠科技提高生产率。政府为公共技术的主要提供者和支持者，比如从育种、杂交改良、营养配方搭配、防疫到屠宰加工、流通销售等一整套技术的研发与创新，政府给予很大资金或政策扶持。通过技术进步不断提高生产效率，不仅为养羊规模户（场）所欢迎，而且也有利于农户由分散饲养向集约饲养的转变（Hone, P., 2001）。三是政府出台各项优惠政策。主要包括政府提供低息或无息贷款，各种生产或价格补贴，对市场进行宏观调控等（Bathgate, A., 2001）。

其次，国内相关的研究主要集中于肉羊的产业模式方面。创新肉羊生产的产业化经营模式，逐步实现向肉羊现代化的转变是非常关键的。刘玉满（2008）提出，肉羊产业化经营模式应根据不同时期而采用不同的模式，短期内可采用以公司为主导的"公司＋基地＋农户"模式，中期发展以"公司＋家庭农场"为主，从长期发展来看，应采用"合作社＋公司＋家庭农场"模式。与此同时，积极培育农民专业合作组织或行业协会，实现分散农户的横向联合，逐步实现我国肉羊产业的产业化发展。另外，工厂化肉羊生产是适应国内外市场需求，提升肉羊产业竞争力的必然选择（张居农，2005）。

3. 肉羊产业发展的政策研究

我国肉羊产业发展存在的突出问题在于生产经营方式的落后、产业化程度低、养殖规模偏小、良种覆盖率低以及饲养成本高等（邓蓉、张存根，2006）。针对以上问题，国内研究者提出许多政策建议，对现有肉羊发展政策的总结，多数集中于肉羊生产的视角。比如：注重肉羊良种繁育体系建设，大力推广人工授精、胚胎移植等先进技术的普及，广泛开展杂交改良或多元杂交，充分发挥改良肉羊的生产性能（张立中，2005；刘春龙、孙海霞，2005；张德鹏，2007）；积极调整羊肉及其制品的产品结构，提高优质羔羊肉生产比例，大力开发羊肉产品的深加工，提高其附加值（邓蓉、张存根，2006；石国庆、任航行，2007）；发展适度规模养殖，抓好肉羊生产基地的建设，提高肉羊生产的集约化、专业化程度（张立中，2005；康凤祥、高雪峰，2008），制定、执行相关生产标准，使相关的生产经营者都走上标准化的轨道（李秉龙，2012）。

（二）关于肉羊生产决策的研究

国外关于肉羊生产决策的研究主要依据新古典理论进行。Lloyd Mckay 和 Denis Lawrence（1980）在利润最大化的假设下，利用超越对数成本函数，以澳大利亚羊产业为例，选取劳动、资本、土地、牲畜存栏以及物质和服务投入 5 类生产要素，对其 1952—1977 年的投入需求以及投入要素之间的替代关系进行研究，结果发现劳动力和土地的节约利用促成了技术革新，但增加了资本投入、羊存栏只数以及相关物质、服务等要素使用。有学者利用微观经济学中的资本理论，对澳大利亚羊毛、羊肉的供给反应以及商品羊和羊羔存出栏的决策行为进行分析，得出结论：羊毛价格的变动是引发羊只数量变动的主要原因，而羊肉价格、季节变换等是羊群规模构成变化的短期因素（R. G. Reynolds & B. Gardiner，1980）。基于利润函数模型对澳大利亚三大主要羊生产区域的羊产业供给反应进行研究发现，对供给反应弹性的估计可使用基于时间和地点的标准二次利润函数（Brian S. Fisher, Charles A. Walla, 1990）。依据动态供给模型，探讨美国肉羊产业的供给反应，分析发现价格因素对发展羊产业至关重要（Glen D. Whipple & Dale J. Menkhaus, 1989；Stuart Mounter, 2008）。在国外很多牧场中不仅饲养羊一种牲畜，因而研究羊与其他草食畜的最优数量组合成了养羊生产经营决策主体需要考虑的重要方面。澳大利亚放牧草原面临羊—肉牛最优组合问题，通过理论分析发现基于成本的生产函数在分析羊—牛—草之间相互作用时存在很大困难和不稳定性，牛和羊对草原的替代率不确定，其随着存栏率的变化而变化（Ian R. Wills & A. G. Lloyd, 1973）。进一步研究发现，要素价格是导致澳大利亚牛、羊两个畜种相互替代的主要影响因素，并且要素价格变动是短期替代关系，这种替代变化幅度很小（Philip E. T. Lewis, 1987）。

与国外生产经营模式不同，农户家庭经营仍是我国肉羊生产的主体。与企业生产的决策过程不同，农户生产决策受家庭影响较大，且生产决策具有多重目标（弗兰克·艾利思, 2006），农民是理性的，农民的生产行为是对自己所处环境约束的最优反应（舒尔茨, 1987）。如果将农户生产、消费和劳力供给等行为决策纳入到一个农户经济模型中，可用来分析在社会环境、宏观经济、政策、市场需求等因素影响下小农行为的不同反应（张林秀、徐晓明, 1996）。通过研究宁夏盐池农户生产模式选择机制，发现农户选择纯养殖型还是种养结合型生产模式是在权衡成本和收益及自身家庭经营特点的基础上做出的，影响因素包括劳动力、资金、技术和市场等（张庆霞、谢榜雄和宋乃平, 2009）。

四 与标准化研究的相关方法

畜牧业作为农业的子产业，属于产业经济学和农业经济学的共同研究范畴。从理论上讲，适用于这两个学科的研究方法都能够运用到畜牧业的研究领域里。对于畜牧业标准化的研究，近年来通过利用各类数据进行计量分析逐步成为学术界研究的流行趋势。

在生产环节，例如利用因子分析对英国奶业采用 HACCP 标准化体系的动机因素进行分析，最后确定了内部效率、商业压力、外在要求、良好规范为四个主要动机因素（Speneer Henson & Georgina Holt，2000）；对德国（猪肉、禽类养殖）的行业标准进行研究，利用有序Logit 回归，识别出内外部动机因素，发现标准化的动机受到行业变量的影响（Enneking，2005）；对英国的肉牛产业标准化后的成本和收益进行回归分析，同时以此计算 ISO 9000 标准化体系带来的收益（Sylvie Berthelot，2003）。在国内研究中，更多的是运用 C – D 生产函数、经济增长方程、随机前沿（SFA）和数据包络分析（DEA）等计量方法。例如通过对陕西省 1984—2004 年畜牧业技术进步贡献率进行测算，发现技术进步的贡献率相对资金的贡献率来说并不明显（朱玉春等，2006）；采用随机边界生产函数形式，利用省际时间序列与截面混合数据，对生猪、肉牛、肉羊和奶牛的增长因素进行分析，结果显示在我国畜牧业增长中，全要素生产率贡献率的提高低于投入增长的贡献，畜牧业仍处于粗放型的生产方式（杨军，2003）。

在消费环节，学者们建立了一个标准化程度与质量信号传递的相关函数模型，该模型的核心就是反映消费者对产品质量水平评价的关系，分析显示产品进行标准化程度实际与购买者对产品质量评价的偏差呈正相关，也就是说，产品标准化程度越高，购买者的评价越高，也越接近产品的实际质量水平（Jones & Hudson，1996）。采用二元Logit 模型对北京市消费者的质量安全畜产品的消费行为展开实证研究，得出结论是：消费者对畜产品的质量安全关注程度比较高，对标准化认证标识的可接受性影响着消费者对畜产食品质量安全的认知水平，并且消费者也愿意为安全畜产品支付更高的价格（王可山，2007）。

在技术效率方面，以中国乳制品业为例，采用非参数 Malmquist指数方法，验证了中国乳制品业增长过程中全要素生产率的变化情况，研究结果发现，技术进步是促进乳制品全要素增长的关键因素，实证模型结果显示技术效率是下降的，但是不足以抵消技术进步的影响（张莉侠，2006）。在跨省面板数据的基础上，运用生产函数的随机前沿技术分析估计了 2004—2006 年我国奶牛 4 种养殖方式下原料奶标准化生产的技术效率，结果显示，随着养殖规模的扩大，不同区域原料奶生产技术效率并未呈现逐年提高的趋势，不同地区应根据各自的技术效率优势发展奶业（彭秀芬，2008）。

五 研究现状的简要评述

上面从国外和国内两个文献库对标准化的相关研究进展进行回顾和梳理。一方面，国内外农业经济学界对农业标准化的相关研究进行了广泛的理论探讨，研究学者基于不同的视角对农业标准化含义的界定、作用机理以及经济效应提出了很多有价值的研究思路。可以说，研究的视角和学科比较广泛，理论研究也比较成熟，但缺乏针对某一产业的系统性研究。另一方面，具体到实证分析，从研究领域方面来说，种植业标准化的研究多于畜牧业标准化。从研究对象来说，标准化的相关研究多集中于企业、示范区或合作社，从微观农户视角对畜牧业标准化的经济效果进行验证的研究比较缺乏。鉴于此，本书将从以下两个方面展开研究，以弥补现有文献成果的不足。

首先，本书以肉羊产业为例，基于产业链视角，借鉴比较成熟的相关理论，从产业链的各个环节入手展开系统性分析，对标准化内在的逻辑机理进行全面梳理。

其次，在实证研究部分，充分利用计量经济学模型、典型案例和应用技术数据，以此来佐证理论分析的结论，为进一步分析肉羊产业标准化提供丰富的实证支持。

第三节 研究目标与主要研究内容

一 研究目标

本书的研究目标是基于产品质量和效益提升的两维视角，以肉羊产业链发展为主线，探寻肉羊产业链各环节标准化的运行机理以及实施效果，进而为我国畜牧业走标准化发展之路提供决策参考。具体研究目标如下。

（1）研究肉羊产业链关键环节标准化实施主体行为及其影响因素。

（2）评价肉羊产业实施标准化的绩效。

（3）探讨肉羊产业标准化的运行机理。

二　研究内容

本书重点研究肉羊产业育种、饲料、养殖、屠宰加工四个关键环节主体的标准化行为及其影响因素、标准化的绩效及运行机理。具体研究内容如下。

第一章导论。本章首先介绍本书的研究背景与研究意义，并提出本书要研究的问题；其次对国内外已有相关研究成果进行梳理和综述，并进行简要述评；在此基础上，提出本书的研究目标，根据研究目标设计本书的研究内容和技术路线，并确定研究过程中运用的相关研究方法；最后对本书的创新点进行说明。

第二章肉羊标准化的经济理论分析与逻辑框架构建。本章主要对本书涉及的相关理论进行梳理，来构建中国肉羊产业从产业链角度进行标准化发展的理论框架。本书所涉及的理论主要有：产业组织理论、规模经济理论、网络外部性理论、交易费用理论、市场失灵理论、标准经济学理论，运用这些理论对本书所涉及的关键问题进行概括性的经济分析。

第三章基于国际经验的肉羊产业标准化发展历程和模式分析。本章在对国内外农业标准化发展概况的基础上，从制度变迁的视角对我国农业标准化实施路径进行宏观分析，与发达国家农业标准化发展历史相比，我国农业标准化路径较长时期的特征表现为制度供给推动，强制性制度变迁所导致的标准化行政干预的特征在一定程度上仍然存在，这在我国肉羊产业标准化发展路径中表现较为明显，进而对我国肉羊产业标准化规模经营实施路径与典型经验进行总结与归纳。

第四章基于利益主体长期协作的肉羊良种化运行机制分析。本章首先对我国肉羊育种的现状、主要问题进行分析。仅从品种资源来看，我国地方品种资源与国外优良品种相比，在生产性能方面存在较大差距。而经多年选育成功的杂交品种（系）如昭乌达肉羊、巴美肉羊、察哈尔羊、南江黄羊、简州大耳羊、鲁西黑头肉羊等局限于内蒙古、四川、山东等局部地区，对提升我国肉羊产业的整体水平作用有限。其次，总结了我国现有知识产权的肉羊良种的育种模式和运行机制，在品种"育"的阶段，较为流行的一种模式是企业主导型，即"龙头企业＋科研院所＋政府"。而在品种"繁"和"推"的阶段，比较成熟的模式是"龙头企业＋育种协会（合作社）＋农（牧）户"。最后分析得出我国肉羊育种的运行机理。肉羊育种是一个长期且复杂的系统工程，也是在市场需求、技术、政策、资金以及资源约束下多方利益主体长期协作和目标行为决策整合的结果。本章分析所使用的数据主要来源于肉羊产业体系课题组实地调研的数据和相应的育种技术报告。

第五章基于饲草料资源优化的肉羊营养标准化绩效分析。饲料营养为肉羊生产提供必要的生产要素。首先，本章探讨了营养标准在肉羊生产中的作用，在目前的技术水平下，优化饲料配方对促进羔羊生长发育、提高饲料转化率、降低生产成本、提高养羊业经济效益是最有效的。其次，分析了肉羊营养需求标准不是一个固定的量，它因肉羊的不同品种不同生长阶段而有所差异。随着肉羊舍饲方式的转变，育肥补饲技术逐步推广并在生产中得以应用。通过试验验证了营养标准的经济效果，主要从饲料采食量、平均日增重、精饲料转化效率三个指标反映了补饲标准所带来的不同效果。

第六章基于规模经济的肉羊生产标准化绩效分析。本章首先构建了农户标准化生产的理论模型，农户作为"理性经济人"，是否愿意实施标准化生产的主要诱因是能否增加收益。其次，基于调研的现实条件，对调研农户的样本数据，主要从农户的基本特征、农户标准化养殖情况、肉羊销售情况三个方面进行了描述性分析和统计。最后，通过构建标准化养殖户的成本函数并估算其成本弹性，基于标准经济学中生产者理论视角，对肉羊产业标准化发展能否实现标准化的规模经济效应进行了实证分析。从实证结果得知，标准化的实施是以适度规模为基础，同时兼顾资源禀赋、生态环境以及市场需求等因素。标准化从理论上可以实现规模经济效应，在生产中实现与否，与成本弹性有关。家庭式标准化养殖模式在实际推进过程中，会遇到"高投资、高风险和低收益"的现象。农户作为"有限理性经济人"，如果没有利益诱因，会慢慢退出这种方式。因此，各地及各级政府在调动农户参与标准化生产的同时，要有标准化生产方式可供农户选择。

第七章基于提质与增效的肉羊屠宰加工标准化绩效分析。本章研究首先从法律层面上，对现代肉羊屠宰与加工业发展的现状、特征进行总结。其次，对影响肉羊屠宰加工标准化的因素进行分析，得知羊源供给不稳定、肉羊屠宰管理缺位、肉羊屠宰和加工关键技术创新不足以及肉羊屠宰加工环节的标准缺乏是主要的影响因素。最后，以内蒙古蒙都羊业有限公司为例，探讨了该公司在肉羊屠宰加工环节进行标准化的优势条件，进而分析了其标准化所带来的效果主要表现在产品质量的提升、企业经济效益以及社会、生态效益增加明显三个方面。

第八章基于产业链整合的肉羊产业标准化运行机理分析。本章首先整理了产业链整合下肉羊产业标准化动因，从肉羊产业升级、羊肉产品质量保障和产业效益提升、羊肉市场化、品牌化发展三个方面分析了标准化运作动因。其次，分析了肉羊产业标准化实施主体行为关系，其实施主体主要包括政府、科研单位、龙头企业、专业合作社和农户。最后，由标准化实施主体的不同作用和利益联结方式，产生了三种标准化运行模式，继而对不同的运行模式产生的标准化效果进行重点剖析。

第九章主要研究结论与政策建议。本章在全面总结各章研究结论的基础上，提出相应的政策建议。

第四节　研究方法与技术路线

一　研究方法

本书采用规范研究与实证研究相结合的研究范式，具体的实证分析方法主要包括以下四个方面。

1. 实地调查法

本书以肉羊产业为例，涉及产业链上育种、养殖、屠宰加工的各个环节，可供本书实证研究的统计资料很少，因而本书除了尽可能多地收集二手资料外，主要采取实地调查获得第一手数据资料，并在此基础上进行实证研究。本书调查主要包括实地考察、访谈、问卷调查等。微观层次的调研有助于理解行为主体在特定环境下的行为模式，从而与宏观层次的分析相补充。本书对育种技术、饲料的营养搭配等方面的评价，需要通过实地考察、访谈的方式来增强对技术方面的掌握。问卷调查主要是从微观视角调查农（牧）户对参与肉羊标准化养殖的情况，借此分析影响农户标准化养殖的因素及实施效果。

2. 统计分析方法

根据统计资料，对本书的第二章、第三章中我国肉羊产业标准化的实施背景及畜禽品种资源的现状进行描述性分析，以揭示当前肉羊产业标准化实施过程中存在的问题；第四章利用官方数据，对全国四大优势产区以及主要的农牧区所涉及全国 21 个省份的良种化率、规模化比重、人力资本、饲草料资源、受灾情况等进行描述性分析，来说明在育种环节培育优良种品种资源，提高本地区良种化率有利于肉羊产业的经济增长。

3. 经济计量分析方法

对标准化养殖的经济效果分析，主要结合问卷调查数据，采用超对数成本函数模型进行实证分析。根据实地调研情况，调研对象为山西省怀仁县的标准化规模养羊户，并且养羊户与当地屠宰加工企业相联合，售羊的价格是被动接受的。因此，可以假定价格为外生的。其成本函数的简约形式（Reduced - form）为：

$$C = C \ (Q, \ P) \tag{1-1}$$

式（1-1）中，C 为养羊总成本，Q 为养殖规模，P 为各投入要素的价格向量。假定 P 包括了土地（P_1）、劳动（P_2）和资本（P_3）三种要素，成本函数的模型设定形式采用 Translog 函数形式，因其相对于 C - D 函数形式有更为灵活的产出对成本的弹性系数，在实际研究中应用较为广泛。具体的表达形式为：

$$\ln C = \alpha_0 + \sum_i \alpha_i \ln P_i + \frac{1}{2} (\sum_i \sum_j \alpha_{ij} \ln P_i \ln P_j) + \gamma \tag{1-2}$$

依据泰勒展开式，可以得到以下二阶逼近式：

$$\ln C = \alpha_0 + \alpha_q \ln Q + \frac{1}{2} \alpha_{qq} (\ln Q)^2 + \alpha_{q1} \ln Q \ln P_1 + \alpha_{q2} \ln Q \ln P_2 +$$
$$\alpha_{q3} \ln Q \ln P_3 + \beta_1 \ln P_1 + \frac{1}{2} \beta_{11} (\ln P_1)^2 + \beta_{12} \ln P_1 \ln P_2 +$$
$$\beta_{13} \ln P_1 \ln P_3 + \beta_2 \ln P_2 + \frac{1}{2} \beta_{22} (\ln P_2)^2 + \beta_{23} \ln P_2 \ln P_3 +$$
$$\beta_3 \ln P_3 + \frac{1}{2} \beta_{33} (\ln P_3)^2 \tag{1-3}$$

运用谢泼德引理（Shephard Lemma），可以对上式中的各要素进行一阶偏微分，其中对产量（规模）进行一阶偏微分，便得到标准化规模户的成本弹性表达式：

$$E_q = \frac{\partial \ln C}{\partial \ln Q} = \alpha_q + \alpha_{qq} \ln Q + \alpha_{q1} \ln P_1 + \alpha_{q2} \ln P_2 + \alpha_{q3} \ln P_3$$

$$(1-4)$$

其中，E_q 表示农户产量（养殖规模）变动 1% 对总成本的影响。当 E_q 大于 1 时，表示产量（养殖规模）变动 1% 引起总成本大于 1% 的变化，此时，农户处于规模不经济的状态；当 E_q 小于 1 时，表示产量（养殖规模）变动 1% 引起总成本小于 1% 的变化，此时，农户处于规模经济的状态；当 E_q 等于 1 时，表示产量（养殖规模）变动 1% 引起总成本 1% 的变化，此时，农户处于规模经济和规模不经济的临界点。

4. 应用试验数据和案例分析法

为了使研究的问题更有说服力，有必要引用典型案例来说明问题。本书在肉羊育种环节，结合内蒙古昭乌达肉羊、察哈尔羊、巴美肉羊、四川简州大耳羊的育种企业以及山东鲁西黑头肉羊培育单位山东农业科学院畜牧兽医研究所作为调研对象，进行深入访谈了解育种的实际情况。在肉羊饲料加工环节，首先以内蒙古农牧业科学院金海研究员所带领的课题组，在内蒙古锡林郭勒盟东乌旗肉羊"放牧 + 育肥补饲"技术推广试验为研究对象，其次以中国农业科学院饲料研究所刁其玉研究员所带领团队的试验数据，利用羔羊代乳品对草原牧区肉羊进行早期断奶，重点研究不同断奶日龄羔羊生长性能的变化。在屠宰加工环节，对专业合作社实施标准化养殖采用典型案例分析。主要选取内蒙古蒙都羊业食品有限公司作为肉羊屠宰加工企业的典型调研对象深入剖析这些企业标准化发展共性和差异特征，以期为其他屠宰加工企业提供参考和借鉴的经验。

二　技术路线

本书的技术路线如图 1 - 1 所示。

第五节　可能的创新点

本书的研究特色和创新可能有以下几点。

（1）从质量和效益提升两个维度来研究中国肉羊产业标准化，提

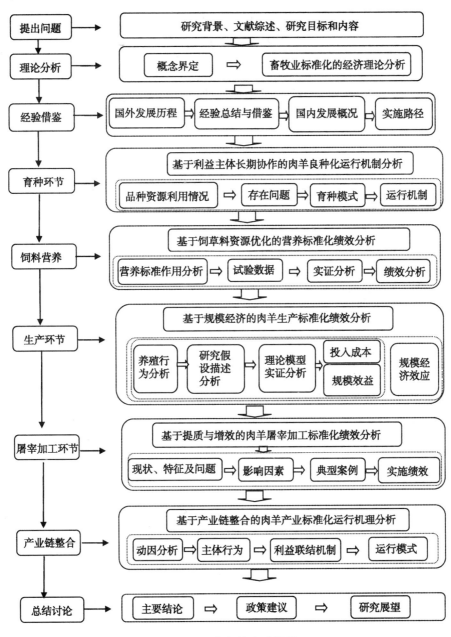

图 1-1 本书技术路线图

出了基于产业链整合的肉羊产业标准化运行机理。填补了国内从经济学角度研究畜牧业标准化的空白，同时也为我国畜牧业其他子产业相关标准化的深入研究提供了较好的分析范式。

（2）通过典型案例分析了基于利益主体长期协作的中国肉羊育种模式与运行机制。肉羊育种环节涉及较多的动物科学相关知识，以目前鉴定成功的新品种为典型案例，从利益博弈的研究视角，深入研究各利益主体整合育种目标，长期协作所形成的育种模式，进一步剖析了肉羊新品种选育的运行机制，为其他畜禽品种的培育提供了借鉴与指导意义。

（3）通过应用技术经济、计量经济和典型案例分析中国肉羊营养、生产、屠宰与加工标准化的绩效。从产业链的产前（育种、饲料营养）、产中（养殖）、产后（屠宰加工）三大方面开展研究，较系统地反映了标准化是一个动态的过程。对于肉羊营养的研究采用试验数据与经济理论分析相结合的方法，更深入地凸显了营养标准对指导肉羊标准化生产的作用。对于标准化生产，采用调研数据和计量分析的方法，从而验证了标准化的规模经济效应。

第二章　肉羊产业标准化的经济理论分析与逻辑框架构建

对肉羊产业标准化相关概念的准确界定有助于确定研究对象与研究范围。与种植业相比，畜牧业标准化的推行要复杂得多，不仅受自然经济环境的限制，而且在生产过程中受疫病风险、饲料营养、养殖管理的影响也比较大，具体到肉羊产业更是如此。从产业的整个宏观发展来说，本章对标准化的基本原理进行梳理，有助于正确分析肉羊产业标准化经济作用机理，为本书后续的实证分析提供理论基础。

第一节　相关基本概念界定

一　标准及标准化

本书对标准界定为对活动及其结果规定共同和重复使用的规则、指导原则的特性文件，目的是获取市场秩序和综合效益的规则。

标准化就是在一定范围所实行的一项活动，具体来说就是对实际或潜在的问题制定共同和重复使用规则的过程（GB/T2000.1—2002）。其内涵既包括多方主体利益协调形成标准并达成一致的过程，还包括参与者遵守、实施标准及其纠偏的活动，实现预期的综合效益，其中标准化活动由制定、发布和实施标准所构成。

二　肉羊产业标准化

本书的研究对象是我国肉羊产业，结合上述众多学者对标准及标准化的界定，我们将肉羊产业标准化的含义界定为：在肉羊产业范围内，对肉羊生产的产前、产中、产后全过程，通过标准的制定、实施和监督，把先进科技成果和成熟的经验转化为生产力，实现肉羊生产全程控制和标准化管理的活动，从而确保肉羊产品的质量和安全，规范市场秩序，获得最佳社会、经济和生态效益。本书侧重于从更广义的角度理解标准化，不仅指在肉羊生产领域的应用，而且包括在整个肉羊产业链中的应用。本书所涉及的标准化活动内容主要有：肉羊良种化、营养标准化、养殖设施化、生产规范化、防疫制度化、粪污处理无害化和屠宰加工标准化。本书重点研究由肉羊的育种、养殖、屠宰加工三个关键环节构成的产业链。

三　绩效

从标准经济学的角度来看，绩效主要泛指标准化的经济效果（侯俊军，2009）。当然，这种绩效也不仅仅是用货币衡量的收入，还包括个人或组织对行为（比如标准化生产行为）的满意度评价，比如产出的增加、单位成本的降低、生产效率的提高等。因此，我们将其定义为在肉羊产业链的各环节，实施标准化所产生的综合效益体现。在本书中，标准化所带来的综合效益具体表现为：育种环节产羔率的提高；生产环节饲料转化率和产肉率的提高、质量的保障；屠宰加工环节产品质量的提升和经济效益的增加。在实证分析部分，肉羊生产绩效主要是从成本角度对标准化规模经济效应进行验证和评价。

四　运行机理

"运行机理"一词源于机械学，在英语中被称作"Running Mechanism"，原意是机器的构造和工作原理。现在被经济学广泛地引用，泛指为实现某一特定功能，一定的系统结构中各要素的内在组合方式以及诸要素在一定环境条件下相互联系、相互作用的运行规则和原理。本书研究的运行机理是在肉羊产业链各环节之间或者是各环节内部的各要素之间具体的组合原理及相互关系。

第二节　基本经济理论分析

国外关于标准化的理论研究和相关经济学文献始于20世纪80年代，以 Farrell 和 Saloner，以及 Katz 和 Shapiro 等为理论研究的代表。

起初，这些经济学文献主要以工业或信息化企业为研究对象，从多个角度对标准化问题进行了分析，标准化的经济理论研究最初主要聚焦于公司之间的战略互动，可以说标准化在世界工业化进程中一直扮演着关键的角色。随着社会和经济的知识化、全球化发展，各个领域对新标准的需求越来越多，标准化理论也越来越引起国内外学者的普遍关注，相应的理论研究成果也随之增多。然而我国对农业标准化的经济学研究直到 20 世纪 90 年代以后才成为研究热点。基于本书的需要，结合肉羊产业发展实际，对标准化研究相关的基础理论及其内容进行如下梳理。

一　基于公共物品理论的政府公共服务分析

1. 公共物品理论

公共物品是指那些消费具有非排他性和非竞争性的物品。其中消费的非排他性，是指任何人对该物品进行消费都是无偿的，消费的同时也不能阻止或影响其他人消费或享受该物品。由于享受该物品所产生的效用不能分割，或者由于排除的成本太高而不可行，使得该物品具有非排他性。所谓非竞争性，是指当消费人数增加时，不会减少原来消费者对该物品的消费，此特点产生于产品的不可分割性。公共物品与私人物品是相对应的一个概念，公共物品的提供者一般是政府，不能或不能有效地由市场机制来决定其供给，因此常常会出现"搭便车"现象。最终导致市场机制不能有效解决公共物品最优数量的问题和公共物品生产成本的补偿问题，因此无法有效调节公共产品的供求关系，提供适合的公共物品和服务（保罗·A. 萨缪尔森，1996）。

2. 标准的公共物品属性

按照所有权属性进行分类，标准可以分为公共标准和企业标准（WTO，2005）。在某种程度上，标准可谓是一种公共物品（Public Goods），具有非竞争性和非排他性属性。主要因为大多数公共标准的制定更多的是考虑所有企业和消费者的利益（Kindleberger，1983）。肉羊产业是畜牧业的子产业，肉羊生产是自然和经济再生产相互融合的过程，与肉羊产业标准化相关的知识与技能体现更多的是一种社会财富。正因为如此，标准作为一种公共物品，更多的标准是由政府制定，比如优良品种标准、饲料营养标准等，私人部门没有足够的意愿来制定标准，即使实施标准化大多也是依靠政府转移支付的方式来进行。鉴于我国肉羊产业发展的实际，与肉羊相关的标准通常为畜牧科研产物，分为公共物品、俱乐部物品和私人物品。政府主导下的肉羊产业标准具有公共产品属性和很强的外部性，比如羊肉产品质量标准、安全卫生标准、畜禽屠宰加工技术规范等；合作社推广的肉羊标准，常常表现出俱乐部产品的特性，比如肉羊养殖技术规程、管理规程等。然而随着市场竞争日趋激烈，尤其是企业将拥有自主知识产权的先进技术作为标准内容并推广应用于实际生产时，此时的标准就具有了排他性和竞争性的特点，该企业要向使用此标准的经济组织收取专利费，对标准使用采取控制的策略。在此情况下，标准体现更多的是私人物品的属性（侯俊军，2009）。

3. 标准化与技术革新①

标准具有公共物品的属性，也可以看作一种技术基础设施，这种观点已得到多数学者的认同。并且标准普及得越快越广泛，共享资源信息获得范围就越广，其对经济增长的影响就越强（Cohendet & Steinmueller，2000）。从理论的角度来讲，基础设施建设能够提高人力、资本等生产要素的生产率，从而促进经济增长。实证研究结果也表明标准化对经济增长的贡献远高于资本存量对经济增产的贡献（Temple et al.，2005；Blind & Jungmittag，2008）。从某种程度上来说，标准化有利于先进技术的普及与扩散。诚然，当新技术或新产品与现存技术或产品进行竞争时，由于生产者对已有的标准更为熟知，如果不进行技术的革新，现有标准可能会成为新技术或新产品的阻碍。因此，新标准的制定随着技术的革新而被重新制定或修订。这也可以解释为何标准经济学中将"标准"界定为一种制度因素，标准的最终作用是实现社会经济效率的最大化。应该说，对于所有标准，就像专利一样，是编成码典的技术知识，是技术进步的基础。其不同点可归纳如表2-1所示。

---

① 之所以用技术革新而非技术进步，是因为技术革新是伴随技术进步的创新。

表 2 - 1 　　　　　　　　　**标准对技术革新的影响**

标准类别	正效应	负效应
最低质量安全标准	• 市场更易接受新产品 • 降低信息不对称	• 形成技术锁定（lock - in）
品种简化标准	• 降低生产成本	• 多样性减少
兼容性/接口标准	• 系统内各要素组合方式的变化 • 形成网桥（network bridges）	• 阻碍旧技术向新技术转变
过程或认证标准	• 提高生产领域的安全 • 维持生态环境	

资料来源：Blind（2004）。

因此，本书从肉羊产业可持续发展来看，政府在标准、技术等公共物品提供方面承担了重要角色。一方面政府通过良种补贴、投资育种、繁育、饲料、圈舍设计、育肥、防疫等相关技术的研发，以及建设标准化规模示范场等来促进肉羊规模经营发展。另一方面政府通过组织人员培训、课题项目支持科研单位进行科技研发，比如肉羊育种技术（人工授精技术、胚胎移植技术等）以及根据肉羊营养需要量制定的饲料配方技术等。再者对农户和实施标准化生产经营的企业进行政策支持，比如对实施食品可追溯体系、畜禽污染物处理、退耕还林还草、草原禁牧休牧、草畜平衡等进行财政补贴，将有助于减少农户和企业的利益损失或增加他们的收入，调动企业和农户参与标准化生产的积极性（耿宁、李秉龙，2013）。

二　基于利益博弈相关理论的肉羊良种化运行机理分析

博弈论，亦称对策论，为主要研究多方利益主体间相互作用和决策以及决策均衡的理论，是 20 世纪主要的成就之一。按照参与者之间的协作关系，一般分为合作博弈和非合作博弈。合作博弈强调的是集体主义和团体理性（collective rationality），即采用一种合作或妥协的方式，使得博弈双方的利益都有所增加，或至少一方利益增加，但其他主体利益不受损害，其目的是实现整体最优，体现了效率与公平；非合作博弈强调的是个人理性（从利己出发，不考虑对方的社会福利和利益诉求），强调个人决策最优，即在利益主体相互影响的局面中如何决策使自己的收益最大，其结果是个人理性行为导致集体的非理性（即非整体最优）。著名的"囚徒困境"就是最具代表性的模型，而且纳什也在 20 世纪 50 年代提出了"纳什均衡"，在非合作博弈领域取得突破性进展，在重复的"囚徒困境"中，博弈被反复进行，从而可能导向一个较好的、合作的结果，纳什均衡趋向于帕累托最优，利益主体关系形成一种长期均衡协作。

所谓利益主体，是指在一定经济关系下从事某一项生产经营活动或者其他社会活动的利益追求者、实现者、承担者和归属者。资源稀缺与主体利益追求目标之间的矛盾，决定了主体间的利益冲突，利益主体往往由各自追求自己目标收益的最大化，形成一种非合作博弈，通过长期博弈、竞争与合作，最终实现利益相对均衡的博弈结果。

良种选育属于肉羊产业链的第一环节，良种作为一种特殊的生产要素投入，对提高我国肉羊生产水平至关重要。由于品种不同，羊肉产量、品质及效益具有很大的差异。然而，良种的选育也是一项长期的系统工程，同时受到市场需求、技术、政策、资金以及资源的约束，在此情况下，参与育种的相关利益主体为了实现各自的行为目标或收益最大化，由最初的"非合作博弈"逐步走向"合作博弈"，最终实现长期均衡的合作关系。根据我国肉羊新品种培育的实际情况，比如内蒙古的巴美肉羊、昭乌达肉羊、察哈尔羊，四川的南江黄羊、简州大耳羊，山东的鲁西黑头肉羊等良种，其育种的相关利益主体主要涉及政府、育种企业、科研院所、育种专业合作社和农户。由于彼此都是相互独立的行为主体，其所要实现的目标效益并不一致，因此行为主体不同的连接方式形成了肉羊育种不同的运行机制。从利益主体的行为目标来说，政府的育种目标着眼于产业宏观战略发展的角度，主要为了提高肉羊产业核心竞争力、提高肉羊生产能力等方面，而育种企业追求经济效益的最大化，但同时也面临品种选育淘汰率高、资金回收困难的困境。现实情况也表明，企业在新品种选育过程中，往往也会受到资金、技术、资源等条件约束，投入成本过高，企业效益见效慢，同时还要承担市场风险，与政府合作，政府能帮助提供相关的人才和劳动力培训、生产和管理技术服务、贴息贷款和财政补助（耿宁、李秉龙，2013），而科研单位在育种过程中承担了技术支撑和科研成果转化为生产力的任务，可以利用技术优势，加大科研成果转化力度，加速良种化进程。因此，政府、企业、科研单位等主体为了实现目标收益最大化，在长期的利益博弈中，形成不同的"利益格局"，比如政府主导型、企业主导型、科研单位主导型的运行机制。

本书侧重从肉羊育种的实际出发，选择目前已经培育出的昭乌达肉羊、巴美肉羊、察哈尔羊、简州大耳羊等新品种培育的模式，进而深入分析不同育种模式下，利益主体之间的利益协作机制及运行机理。

三　基于标准经济学相关理论的肉羊生产标准化绩效分析

1. 标准经济学理论

标准经济学（The Economics of Standards）是围绕标准化的一系列研究逐渐展开而产生的一门新的经济学。1906 年，国际电工委员会（IEC）的成立标志着人类的标准化活动从区域、行业、国家扩展到世界范围领域，促使标准化的发展成为有系统组织和有明确目标的社会性活动。该理论的核心是，标准的制定和推广对现实经济的效果是极为显著的，它已经成为现代经济实体中不可或缺的市场制度因素（Swann G. M. P. , 2000）。标准的直接经济作用就是在一定程度上实现了生产和消费的兼容，既有利于市场交易的安全性和确保产品质量，也有利于规范市场客体的形式和提高市场客体的质量，能够使企业产生规模经济，从而实现消费者剩余，增加其效用。

2. 规模经济来源

规模经济是指在特定时期内，在企业内部由于生产产品绝对数量的增加，其单位成本下降的效应。换句话说，扩大生产经营规模可以降低平均成本，提高企业的利润水平。尽管马歇尔在其《经济学原理》中第一次明确提出"规模经济"（Economics of Scale）这一概念，但他并不是最早关注规模经济问题的经济学家。从经济学说史的角度看，亚当·斯密是规模经济理论的创始人，他在其《国富论》（1773）中就已经注意到资本主义工场手工业的生产规模日趋扩大这一事实，并以"大制造业"和"小制造业"两个概念对制造业从生产规模上进行区分，他认为"大制造业"比"小制造业"更有效率。随着工业革命的推进，越来越多的经济学家认识到大规模生产的利益以及规模经济产生的原因。穆勒从节约生产成本的角度论述了大规模生产的好处。马歇尔（1890）首次用"规模经济"来说明报酬递增现象，系统分析了由大规模生产所产生的各种经济效应，其中包括技术的经济、设备的经济、组织的经济和原料的经济。他认为规模经济的形成有两种途径：一种是个别企业的"内部规模经济"，源于企业对自身资源的科学配置、组织和经营效率的提高；另一种是区域间或产业间形成的"外部规模经济"，多个企业进行有效的专业分工与协作、不同产业或区域的合理布局。后来的科斯（1960）则从交易费用的节约和内部化优势两方面分析了规模经济，他认为企业的规模经济产生，是因为生产规模扩张所节约的交易费用要大于规模增长中增加的管理费用。同时规模经济也是由以技术进步为主体的生产诸要素的集中程度决定的（杨丽杰，2012）。

总而言之，以上学者对规模经济的论述为规模经济理论的实际运用与深入研究奠定了基础。具体来讲，规模经济就是经济组织通过规模的增长实现了平均成本的下降和收益的递增。内部规模经济是在单个企业的规模背景下实现的每单位产品平均成本的下降，而外部规模经济则产生于企业单位产品平均成本依赖于整个行业或区域的规模情形下，从外部整体规模增长中获得平均成本的下降和生产率的提高。

3. 标准化的规模经济效应

农业标准化有利于实现适度规模经营。它通过专业化、产业化、一体化的生产经营模式，从而实现了一种新的农业聚合规模（周冬娥，2002）。具体表现为：一是有利于单个经济实体实现规模的增长；二是有利于形成产业集聚，扩大或集中整个产业的经营规模。这种由聚合规模产生的集聚效应促成了农业规模经济。按照要素投入与产出情况，海地等人将规模经济分为比例规模经济和非比例规模经济两类。前者是指农业生产的各种要素使用按比例投入，产出的变动大于投入的变动时所产生的现象；后者是指固定资本不按比例投入所带来的规模报酬，强调了生产过程中技术的重要性。比如，一种情况是固定投入增加但技术条件不变时的规模经济；另一种是固定投入增加同时伴随技术进步的规模经济，这种情况考虑到农业生产中技术的重要性，由技术进步带来单位产品平均成本的下降和农业生产效率的提高，是农业领域产生规模经济的重要途径。

具体到肉羊产业，其标准化过程更倾向于技术条件的变化而形成的生产要素资源的重新配置，主要内容就是技术的标准化。具体来说，标准是先进适用技术的载体，是技术进步的基础（于冷，2007）。标准化要求生产经营者按统一标准进行生产，在生产过程中不断优化各种生产要素的组合，提高肉羊生产效率，增加产量，降低产品的平均生产成本，应该说，标准化下的经营规模有别于传统方式下的经营规模（见图2-1）。假设代表标准的技术具有单调性和凸性的特征，即对于生产要素（饲料，劳动力），即（X_1，X_2）的两种投入组合能够生产出 Y 单位的产量，那么，其加权平均值能生产出至少 Y 单位的产量。图2-1中，（X_0^*，X_a^*）和（X_1^*，X_2^*）是两种规模下的投入组合，对应的产量分别为 Y_0 和 Y_1。假设（X_1^*，X_2^*）=（tX_0^*，tX_a^*），$t > 0$，如果对应的产量 $Y_1 \geq tY_0$，那么可以说，标准化能够实现规模经济效应。

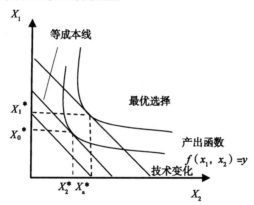

图2-1　标准化的规模经济效应

从微观层面上看，标准化的实施能够使生产者产生规模经济，在一定程度上实现了生产和消费的兼容，可以降低产品价格，增加消费者剩余，同时规范了市场客体的形式和质量（Knut Blind，2004）。本书主要借鉴标准经济学中的生产者理论和规模经济理论，从微观主体出发，即生产者（农户）通过畜禽良种化、养殖设施化、生产规范化、防疫制度化、粪污处理无害化等标准化生产方式，[1] 最终导致其

---

　　[1]　根据农业部《关于加快推进畜禽标准化规模养殖的意见》中的相关内容凝练而成。所谓"畜禽标准化生产：就是在场址布局、栏舍建设、生产设施配备、良种选择、投入品使用、卫生防疫、粪污处理等方面严格执行法律法规和相关标准的规定，并按程序组织生产的过程"。

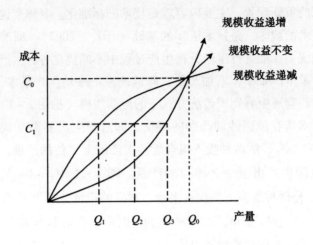

图 2 - 2　规模收益变化的三种特征

平均生产成本和交易成本下降、产量上升，不仅实现了标准化的规模效应，而且能够降低生产者风险，获得竞争优势。从理论上来说，农户对标准化生产方式是愿意接受的（至少不反对）。然而，值得一提的是，假设市场价格不变或者说产品的收购价不变，标准化规模生产带来了产量的提高，但如果成本上涨的幅度大于产量提高的幅度，平均成本上升，最终农户的收益也没有提高，甚至下降，这与成本弹性有关（见图 2 - 2）。成本弹性是针对产量而言的，即在技术水平和价格不变的条件下，产量（规模）的变动所引起的成本相对变动。进一步讲，如果产量（规模）增加的幅度大于成本增加的幅度，即成本弹性大于 1，平均成本下降，那么农户处于规模收益递增阶段，扩大规模会带来收益的增长，从这个层面上来理解，规模收益递增有时可以成为规模经济。反之，若成本弹性小于 1，那么扩大规模会带来收益的递减。因此，标准化也应以适度规模经营为基础，"适度"主要以标准化活动产出的平均成本是上升还是下降来衡量。

四　基于外部性理论的肉羊生产、屠宰加工标准化绩效分析

1. 外部性理论

该理论的核心是某一项经济活动所产生的外部效应，这种效应产生于某一经济主体的活动对其他经济主体带来非市场性的影响。如果这种影响是积极的，就称为正外部效应；反之，为负外部效应。深究这种现象发生的本质，源于私人净收益与社会净收益的不一致，或者说私人边际成本与社会边际成本的相偏离。举例来说，生产者进行一项经济活动，除了获得自己应得的经济效益外，还让其他生产者在该活动中受益，比如环境治理，这就是正外部效应。马歇尔、庇古和科斯三位经济学家对外部性理论的发展做出了重要贡献，马歇尔早在《经济学原理》中就已提出"外部经济"的概念，并因此把这种经济诠释为两类：一种为依赖于企业内部资源及管理效率而产生的"内部经济"；另一种为依赖于企业外部整体工业发展而形成的"外部经济"。① 马歇尔的研究为外部性理论提供了思想源泉，但其经济分类重点为正外部性的描述。随后庇古基于福利经济学的视角，在马歇尔"外部经济"的基础上补充和完善了外部性理论，提出"外部不经济"的概念，较为系统地分析了外部性产生的原因及产生的影响。在其《福利经济学》（1920）著作中，从边际私人成本与边际社会成本的背离来阐释外部性理论，并将研究范围从外部因素对单个企业的影响扩展到生产者、居民对其他生产者或居民的影响。通过研究发现，市场不能有效解决这些问题时，需要政府的干预，即政府对产生的外部性效应进行相应的补贴或惩罚行为。然而针对外部性理论，诸多经济学家进行了不断的论证与批判，科斯（1960）提出了著名的科斯定理，就是对"庇古税"理论能有效解决"外部性内部化"问题的批判。从某种意义上来说，科斯定理隐含了私有产权制度的偏好，强化了"市场是美好的"等价于完全竞争市场。科斯通过交易费用分析，指出"外部性的存在并非会导致无效率，庇古税通常也不会引发有效率的结果，解决问题的关键在于交易成本"。② 他认为，在交易成本为零的情况下，征收庇古税是无效的；在交易成本不为零时，解决外部性问题的方式和制度安排有很多，但关键在于各解决方式成本收益的总体比较。

2. 标准化的外部效应

从理论上来讲，肉羊产业标准化所产生的正外部效应主要表现在

① ［英］阿弗里德·马歇尔著：《经济学原理》（第八版），康运杰译，华夏出版社2005年版，第260页。

② 罗必良主编：《新制度经济学》，山西出版社2006年版。

经济效益、社会效益和生态效益的增加三个方面，具有很明显的"收益外部化"。首先，肉羊产业标准化通过严格的标准规范投入品（如饲料添加剂）的使用，对主要的食品危害物（如微生物、化学或物理污染等）的控制，提高了肉羊原料肉以及羊肉加工品的质量安全水平，增强了居民消费信心和市场信息透明度，产生良好的市场经济效益。龙头企业通过普及先进的育种技术、饲料配方技术、养殖技术、粪污处理技术等，把科学技术转化为生产力，能够促进肉羊生产率的提高，从而增加农民收入。其次，屠宰加工企业为了稳定羊源和控制原料肉的质量安全水平，通过"企业＋基地（合作社）＋农户"或者"企业＋农户"的纵向协作的方式，向本地农户或合作社推广杂交改良的品种和标准化操作技术规范，大大提升农民养殖技术水平，为农民增收起到良好示范效果，并且还带动周边上下游产业的发展，产生较好的社会效益。最后，肉羊产业标准化的生态效益对人类生活和生产产生间接利益。具体来说，在我国草原资源减少、草原生态环境总体发生恶化的同时，我国草原牲畜数量不断增加，为了实现草畜平衡，从改良优良品种入手，大力发展肉羊生产舍饲化，提高饲草料资源利用率和肉羊生产效率。在不破坏自然环境的前提下，肉羊标准化发展实现了自然资源的有效利用和肉羊产业的可持续发展。

五　基于交易费用相关理论的肉羊产业标准化运行机理分析

1. 交易费用理论

其亦称为交易成本理论（Transaction Costs），是现代产权理论的基石。它是由科斯（R. H. Coase，1937）在其《企业的性质》一书中提出的。他将交易费用解释为"利用价格机制的成本"，即价格机制的运行是需要成本的。而且在交易成本为零的情况下，市场会达到有效率的结果（Coase，1960）。科斯认为，企业和市场是两种可以相互替代的资源配置机制，由于价格信息的不确定性、谈判签约产生的成本还有其他不利因素使得市场发生高昂的交易费用。为了降低交易费用，企业代替市场成为科学配置资源的新型交易机制。当然，企业采取不同的组织方式最终目的也是节约交易费用。威廉姆森（Williamson，1977）将交易费用分为事前交易费用和事后交易费用。他认为，事前交易费用是指在事先规定交易各方的权利、责任和义务的过程中所花费的成本和代价；事后交易费用是指交易发生以后，为解决契约本身所存在的问题而花费的费用。威廉姆森研究交易费用是在假定人为"契约人"的基础上进行分析的，"契约人"需要通过建立一种类似契约的无限期或者半永久性的层级性关系来约束协调他们的活动，或者形成一种企业组织，减少市场交易中产生的成本。而这种"持久性的组织关系"就是制度，包括契约、政策等。国内对交易费用理论的研究主要包含信息成本、交易合约签订费用、交易履行成本和交易欺诈损失等（高燕等，1998）。交易费用在很大程度上是信息费用（贾艳，2009），信息成本主要是支付收集、传播市场信息和寻求贸易伙伴的费用。在交易成本中，交易欺诈损失成本并不是在每次交易中都产生，它随着交易欺诈行为的发生而发生。因此，以标准化为一种度量衡，依靠组织、合同、契约以及相关政策，能有效降低交易费用，从而提高经济收益（李桃，2012）。

2. 网络外部性理论

网络外部性的理论研究始于 20 世纪 80 年代，1985 年，Katz 和 Shapiro 首次开创性地提出网络外部性的概念。该理论的核心内容是当采取相同行动的代理人数量增加时该行动产生的净价值增量（Liebowitz，Margolis，1994）。通俗地讲，每个用户从使用某产品中得到的效用，与用户的总数量有关。用户人数越多，每个用户得到的效用就越高，网络中每个人的价值与网络中其他人的数量成正比。对消费而言，消费者使用网络产品所获得好处直接依赖于其他经济主体是否也同样在使用这一产品，从而增加了网络的便利性。Katz 和 Shapiro（1985）把网络外部性区分为直接网络外部性和间接网络外部性。对于所产生的网络外部效应常被解释为享受网络产品、技术或服务的效用曲线随着参与人的增加而上升。[①] 对一项新技术而言，只有在被足够多的经济主体所接受时才会被认可——即使这项技术更为先进或更为有效。在这个网络中引入标准的一个观点就是由技术扩散所产生的网络外部效应，标准就自然地成为这个网络的节点。新技术的作用是要取代一种旧的、低效的技术，那么前提条件是网络中已经有足够多

---

① ［德］克努特·布林德（Knut Blind）著：《标准经济学——理论、证据与政策》，高鹤等译，中国标准出版社 2006 年版，第 28 页。

并达到临界量的用户接受技术革新，那么从旧技术向新技术转变才会变得更有吸引力（Blind，2006）。如果认为标准是新技术的载体，那么标准的引入对用户来说就是一种信号，足够多的人正在使用此标准技术，所带来的网络外部效应也是足够大的。图2-3阐明了网络用户临界容量的问题。只有足够多的用户达到了所谓"临界容量"（在标准化生产中，我们可以称为一定的生产规模）使用该技术，用户的净收益才是正的。

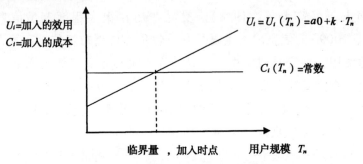

U_i=加入的效用
C_i=加入的成本

$$U_i = U_i(T_n) = a0 + k \cdot T_n$$

$$C_i(T_n) = 常数$$

临界量　，加入时点　　用户规模　T_n

图2-3　经济主体的网络外部性效应

3. 标准化对交易费用的影响

当市场上交易成本不为零时，标准化可以帮助消费者减少评估和确保产品的质量特征，减少交易成本，促进市场交易，从而纠正市场失灵（Leland，1979；Tassey，2000；Jones & Hudson，1996），同时随着交易数量的增加实现了规模经济（Kindleberger，1983），还可以增加市场信息透明度，增强市场信任价值观，从而有利于生产者和消费者更为紧密地合作（Swann，2007）。

（1）减少市场交易成本。当消费者很难准确知道一个产品特征的信息时，通常要花费很大的搜寻成本（Search Cost）来了解其质量属性，这时交易成本问题就产生了（Stigler，1985）。如果购买者对商品质量信息不明确，市场上往往会出现逆向选择现象。当然解决这一难题，可以采用最低质量标准和产品质量分级标准（Leland，1979）。另外，在很大程度上，过程标准（如HACCP体系）和产品认证标准（如"三品一标"的认证）等作为共享的公共资源，也可以作为缓解市场信息不对称的有效手段之一。当然，标准并不是解决逆向选择的唯一途径，但是从供给方的信号传递以及需求方的信息甄别方面来讲，标准可能是更加有效地降低交易成本，创造良好市场交易环境的一种方法。

（2）降低合约签订费用。肉羊产业链某一环节的单一标准化难以产生较高收益，更深入地推行标准化，需要上下游更紧密的整合才能实现。上下游生产者之间的合作一般通过订单或契约的方式来完成，而相关标准在合作中起到规范生产和责任约束的作用。一方面，肉羊产业标准化使得肉羊生产的管理更加规范化和常态化；另一方面，标准的使用使农户在与下游生产者的交易谈判中处于平等地位，降低了合约签订费用。

（3）避免交易风险损失。肉羊产业标准化的推行从产前生产资料的供给、产中标准化养殖再到产后标准化屠宰加工环节，实现了全程控制。在这个过程中，标准化建设通过统一培训杂交改良技术、统一规定和购买兽药的使用、统一养殖档案记录、统一检测机制、统一编号追溯等方式，从而避免了产前投入品原料供应商的欺诈行为和上游生产者隐瞒生产的投机行为，避免了交易风险。

4. 标准化的网络效应

作为网络中的关键节点，标准是网络系统运行的基础和秩序（朱彤，2004）。同时，标准也是先进技术载体，如果标准化达到了上述"临界量"（一定的生产规模），那么对于经济主体而言，采用新技术为更优选择，并且也可以进一步增加成员的数量，对于边际用户来说，显示出明显的网络正外部性，同样标准技术也可以达到最大可能的扩散。标准化网络效应体现在从标准中获得的效用随着标准用户人数的增加而增加，前提是更多的标准用户参与到网络中，标准化才更有价值，也就是标准选择时的"从众"现象（Katz & Shapiro，1986）。从经济角度来说，单一作用对象以及小范围作用对象的标准化是没有意义的。在一般意义上，网络外部性越大，参与者的规模越大，标准化的可能性也就越大。比如，我国出现的养羊专业合作社、养羊专业村就说明了这一现象，首先，体现在规模的扩大，就有利于标准化的推行；其次，规范生产就需要制定标准，降低生产成本，实现规模经济效应。

本书以交易费用理论和网络外部性理论为基础，从产业链整合的角度深入分析标准化的运行机理，从产业链的横向整合和纵向整合两个方面深入剖析其进行机理。

第三节 肉羊产业标准化研究的重点逻辑思路构建

在综述和借鉴已有研究成果和相关理论的基础上，本书试图首先从一个产业的视角，结合我国肉羊产业发展的现实，构建适用于本书的理论模型；其次，对组成肉羊产业链的各个环节标准化的作用机理和经济绩效进行分析；最后，提出我国肉羊产业标准化研究的新的逻辑思路。

一 研究重点、范围和对象的确定

究竟什么是肉羊产业的标准化？如何实现标准化的经济效果？结合农业部发布的《关于加快推进畜禽标准化规模养殖的意见》，可以知道，畜禽标准化规模养殖是现代畜牧业发展的必由之路。畜禽标准化生产目的是实现"畜禽良种化、养殖设施化、生产规范化、防疫制度化、粪污处理无害化和监管常态化"。因此，本书的重点是标准化的活动过程，以肉羊产业为例，在这个过程中将研究的范围凝练为肉羊产业链的四个环节，即育种环节、饲料营养环节、养殖环节和屠宰加工环节，各个环节涉及的主体要素（政府、产业组织和市场等）和客体要素（生产要素、标准和制度体系）构成了本书的对象（见图2-4），技术在标准化过程被看作是内生变量。市场需求是产业发展的原动力，对产业发展具有拉动和吸引作用；鉴于我国农业标准化发展时期较短和多数标准具有公共物品属性的原因，在推进标准化工作的进程中，多为政府主导，因而政府成为整个产业标准化发展的助推器；至于产业链各环节如何实现标准化的经济功能，这是产业组织实体（企业、专业合作社和农户）的问题。不过，在不同的环节，标准化的运行机理因产业组织形式的不同而相异。

二 研究的逻辑思路构建

通过对上述研究主体和研究范围的界定，本书构建的中国肉羊产业标准化发展的逻辑框架如图2-4所示。

首先，基于已有的基础理论，结合我国畜牧业标准化发展现状和存在问题，确立政府的职能定位。政府的作用不仅在于建立标准体

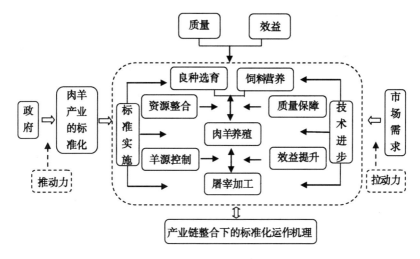

图 2 - 4　肉羊产业标准化分析的逻辑框架

系，而且还在于实施标准化的过程中进行监督和财政支持。其次，从产业链纵向关系来看，肉羊良种的培育与选育是产业发展的前提和基础，也是提升我国肉羊产业核心竞争力、确保羊肉产品供给安全的重要环节。为何肉羊核心种质资源的选育滞后于发达国家？哪些因素制约了良种化的进程？要回答这些问题，就要深入剖析我国肉羊良种选育的运行机理，这也是本书要回答的关键问题之一。养殖环节的标准化，通过对羊源进行控制，从源头上降低了发生质量安全事件的风险水平。然而标准化是需要成本的，如何调动经济主体实施标准化的积极性，如何实现标准化的经济效果，需要用事实来佐证理论分析的结论。另外，屠宰加工环节也是提升产品质量和综合效益最为显著的一个环节，作为产业链的下游环节，屠宰加工企业经济效益的实现，不仅需要和上游企业或农户紧密结合，而且要适应市场需求进行品牌化发展。最后，单一环节的标准化并不能实现质量和效益的提升，需要上下游更为紧密的整合才能实现。以上为本书的逻辑框架，依据肉羊产业发展的特点，展开深入的分析研究，以期为政府制定相应产业政策提供有意义的参考。

本章小结

本章首先对肉羊产业标准化的核心概念进行了界定，具体包括标准及标准化、肉羊产业标准化、绩效和运行机理。其次，借鉴与标准化相关的理论，其主要内容表现为以下几点。

（1）标准的公共物品属性。从消费者利益角度来说，标准具有典型的非竞争性和非排他性，是一种公共产品，比如肉羊优良品种标准、饲料营养标准等。当然，一些企业根据市场需求，制定严格的适用本企业的标准，这些标准更多情况下具有私人物品属性，我国有些肉羊屠宰加工企业已经制定并实施了自己的企业标准，在同行业标准化推进过程中起到引领作用。

（2）育种是肉羊产业链的第一环节，然而新品种培育是一个长期复杂的工程。在长期协作的过程中，相关利益主体（政府、企业、科研院所、合作社和农户）经过不断的利益博弈和行为决策的整合，其利益关系由最初的"非合作博弈"逐步转向"合作博弈"，实现新的利益均衡格局。

（3）标准化生产的规模经济效应。标准化是实现规模经营的重要途径之一，肉羊产业标准化更倾向于技术条件的变化而形成的生产要素资源的重新配置，从成本的角度来说，农户进行标准化生产能否实现规模经济与成本弹性有关。即成本弹性大于1，平均成本下降，那么农户处于规模收益递增阶段，扩大规模会带来收益的增长；反之，扩大规模会带来收益的递减。因此，标准化也应以适度规模经营为基础，"适度"主要以标准化活动产出的平均成本是上升还是下降来衡量。

（4）标准化的外部效应。本书所要实现的标准化效果，不仅是广义上的经济效果，还包括明显的收益外部化，比如我国肉羊标准化示范区（场）建设，通过联合当地企业、农户、专业合作社共同参与标准化推广，从推广肉羊良种到普及养殖、防疫、管理的技术规范，为农民增收起到良好的示范作用，并且还带动周边上下游产业的发展，产生较好的社会效益。再者，肉羊养殖方式由放牧向舍饲或半舍饲方式发展，保持了生态草原环境的平衡以及肉羊产业的可持续发展。

（5）标准化对交易费用的影响。一方面，通过产业链整合的方式减少了中间交易环节，降低了交易费用；另一方面，标准的使用使农户在与下游生产者的交易谈判中处于平等地位，降低了合约签订费用以及规避了上下游生产经营者的投机行为。

（6）标准化的网络效应。在肉羊实际生产中，标准化过程已经显示出明显的网络正外部性，比如肉羊养殖专业合作社、肉羊养殖专业村的出现，就体现了只有更多农户参与到标准化的网络里来，才可能实现规模经济，标准化才能更有价值。

最后，本章基于以上理论，结合我国肉羊产业发展的现状，构建了研究思路和逻辑框架。

第三章 基于国际经验的肉羊产业标准化发展历程和模式分析

研究一个产业标准化的问题，首先应该对这个产业标准化的国内外发展历程作一个整体评价。这必然要遵循"取其精华，去其糟粕"的逻辑思路。因此，本章首先对发达国家农业标准化发展的历程和经验借鉴进行分析，在此基础上，对国内产业标准化的实施路径进行透视，以期总结出对推进我国肉羊产业标准化有价值的规律。

第一节 国内外农业标准化发展的总体历程

一 国外农业标准化发展经验与启示

大机器生产促进了各工业发达国家的标准化活动。实际上，标准化在世界工业化进程中一直扮演着比较关键的角色。随着区域经济一体化的发展，为了提高农产品国际竞争力，农业标准化也越来越受到重视。尤其自 20 世纪 60 年代以来，一些涉及农业标准化的国际性组织也应运而生，主要有：ISO（国际标准化组织）①、CAC（国际食品法典委员会）②、OIE（国际兽医局）③、IPPC（国际植物保护公约）、IFOAM（国

---

① ISO（International Organization for Standardization 的简称），正式成立于 1947 年，是非政府性的国际组织，前期 ISO 标准侧重于工业，随后成立了 218 个技术委员会（TC），其中 ISO/TC34 是农产食品标准的技术委员会。

② CAC（Codex Alimentarins Commission 的简称），成立于 1963 年，是由联合国粮农组织（FAO）和世界卫生组织（WHO）共同创立的政府间协调标准的国际组织，其主要职能是指定农业领域内国际公认的农产食品安全基准标准。

③ OIE（Office International Des Epizooties 的简称），成立于 1924 年，其主要职能是制定动物和动物产品国际贸易中的有关卫生规则（如国际动物健康法典、诊断试验和疫苗标准手册等），保障世界贸易的食品卫生安全。

际有机农业运动联盟）、IDF/FIL（国际乳品联合会）、IWS（国际羊毛局）、ISTA（国际种子检验协会）等。当今一些发达国家农业标准化起步较早，标准化程度普遍较高，其中以美国、欧盟、澳大利亚和日本为典型代表。

1. 发达国家的农业标准化

（1）美国。美国标准化工作主要是围绕促进农产品销售、加工和出口等主要目标而展开。与其相关的法律有四部：《联邦谷物标准法》、《农业营销法》、《联邦种子法》和《联邦食品药物化妆品法》，前三部法律由美国农业部（USDA）制定与实施，后一部法律由美国健康与人类服务部（HHS）制定与实施。值得注意的是，美国的技术法规是包含在法律法规中统一运作（张洪程，2002），其制定、颁布、实施等环节均受到法律约束。但是包含在这些法规中的各类标准并非都是强制执行的，比如涉及产品分等分级等相关标准实际在本国是推荐执行的，只有在发生国际产品贸易纠纷或进行产品出口时才是强制性的，这对提升本国农产品质量安全水平和出口竞争力是有意义的。美国每 5 年对标准复审一次。另外，对于在畜牧业领域，美国对兽药残留以及卫生指标限量和检验是非常严格的，据此农业部（USDA）也制定比较健全的强制性检验制度，包括肉禽制品的强制性检验制度和畜禽产品的分级检验制度，并且这些制度的制定均受到美国法律控制。前者是由食品安全检验处（FAIS）依据《联邦畜肉检验法》强制执行；后者是由农产品销售处（AMS）主管制定出一些农产品质量分级标准，这些标准在生产中推荐使用，其制定完全依附于美国《农产品交易法》，因此，从一定程度上说，标准也成为美国农产品加工企业提升品质的根据。

（2）欧盟。通过实现质量标准的统一是欧盟形成单一欧洲市场的目标之一。因此，实现农业大市场的重要途径是实施一致的农产品技术标准。比如欧盟统一实施单一的"CE"安全合格标志制度（强制性标志），产品贴附"CE"标志，就意味着这些农产品符合用户或消费者安全、健康和环境方面的要求。"CE"标志是有关农产品在欧盟内销售、使用和流通的通行证。当然，为了加速农业大市场形成，欧盟各国已在制定或实施大多数产品质量、卫生以及环保方面的统一标准。关键是欧盟各国通过积极参与 ISO、CAC 等国际标准的制定工作，有意识地将国内和国际标准结合使用。

　　法国相较于欧盟的其他国家，标准化发展具有较强的代表性。法国是仅次于美国的世界第二大农产品出口国，历来享有"欧洲粮仓"的美誉。在激烈的农产品市场竞争中，为确保农产品和食品的质量，法国以立法的方式制定和完善了各类产品质量的认证标准，并设立了"农产品和食品商标合格证全国委员会"，保证对生产者及其产品的有效监督。尤其值得一提的是，法国从事农业标准化的机构既有政府的，也有民间组织，如法国标准化协会。该协会与法国农业部有密切合作关系，在政府的支持下，不仅参与国内标准的制定，而且也承担国际标准化组织及欧盟内部相关农业标准的制定任务。

　　（3）澳大利亚。澳大利亚是一个农业发达国家，尤其以养羊、养牛为主的畜牧业非常发达，在农业经济和整个国民经济中占有非常重要的地位。其中，畜产品占总出口商品的比重达到30%左右，所产90%的羊毛、近2/3的牛肉、1/2的奶制品都出口到国外。澳大利亚实现了较为完善的市场经济，在此背景下，加速了澳大利亚农业标准化的进程。因而，其农业标准多是以市场为导向，最大化满足国内外消费者需求为重点，以提高农产品质量和促进农业贸易为目的而制定。同时澳大利亚政府还制定了《贸易公平法》、《出口控制法》等法律，并配备制定了一系列技术法规和相关标准，形成了比较完善的标准体系和质量管理体制。强制性标准实际是由政府部门在国家法律的框架下颁布的技术法规，而非强制性标准是澳大利亚农业标准体系的主体，是由行业协会制定和管理同时得到社会承认的技术性管理规范，如农产品等级标准、种养殖标准、质量管理和保证标准等。另外，为适应国际贸易需要，澳大利亚农业标准尽可能与国家标准或国外先进标准保持一致。

　　（4）日本。日本农林水产省主管食品品质管理系统，其下设机构"农林产品标准调查会"是农林产品标准化管理机构，负责制定、审议、监督农林标准（主要是JAS①标准）的普及和实施情况。日本是食品进口大国，其市场对食品质量安全比较敏感，不仅有严格的食品入市基本标准，而且对食品品质、卫生、包装等要求甚严。在日本本土生产的农产品，必须按照标准进行认证，符合有关标准并得到认证的农产品

————————

　　① JAS制度，是日本《农林产品规格化与质量标示合理化》的简称。JAS制度包括规格标准制度和质量标示基准制度两种。

才能进入市场，并且市场价格也较高，否则不能进入市场或价格较低。然而，日本农业标准化在更多的情况下，包括农产品加工工艺和加工过程标准化，是由市场需求决定的。除了肉类以 100 克作为计量单位外，鱼虾等以条为计量单位，蔬菜、水果大多以一定数量作为计量单位。农产品环境的标准化，主要是对农产品生产环境制定了相应的标准，如农田水利建设、运输道路及其坡面绿化等对应标准。另外，在日本农业标准化工作中起到重要作用的非政府组织是日本农协，利用其加工、保险、包装、运输和信息化等优势，统一集中销售农产品。并且农协对农产品都有统一的规格和质量要求，市场计划性强，销售量大，价格合理，日本农协已成为对接农产品生产和销售的有效组织者。

2. 发达国家农业标准化的经验启示

随着区域经济一体化的发展，农业的全球化进程不断加快。以欧美、澳大利亚和日本为代表的国家和地区农业标准化程度普遍较高，农业标准化体系也比较完善，通过对比总结其经验和标准化效果，得到以下几点启示。

（1）标准制定和实施的法律化、系统化。为促进农产品的营销和对外贸易，提升农产品的市场竞争力，各发达国家都制定了相应的法律法规，并与包含在法律法规中的农业标准统一运作，因此，标准的制定具有很强的法律内涵，标准的实施也给予了相应的法律保证。比如美国的《联邦法规法典》、日本的 JAS 制度等以及欧盟严格的 CE 安全合格标志制度。此外，农产品生产周期长、生产过程比较复杂，对农业整个生产过程的监管和控制要比工业产品困难得多，但是发达国家制定标准从产前育种到生产加工，再到流通销售和贸易，各个环节的标准都存在相互制约和相互关联，不同部门和领域各自制定的标准都尽量做到不存在明显冲突和避免交叉监管的现象。

（2）标准化参与主体的多元化、市场化。政府是农业标准化的主要参与者，除此之外，发达国家也鼓励企业、行业协会、合作社、农户和消费者等共同参与。甚至在有些国家，民间组织亦已成为农业标准化体系的主体，参与标准的制定、实施与推广。比如法国标准化协会，澳大利亚的行业协会以及日本的农协，都在本国农业标准化体系建设中扮演关键性角色。与此同时，农产品市场需求随着消费者偏好的改变而产生差异化，为了满足消费者差异化偏好和创立品牌的需要，发达国家农业标准化对象已由单纯强调产品质量提升转变为产品质量提升和产品多样性共同发展。于是，大量私人标准在行业协会、龙头企业以及大型跨国公司等市场主体中应运而生，成为发达国家农业标准化体系中的新生力量。

（3）农产品生产过程的标准化、产业化。当前，发达国家农业标准化基本都实现了农业产前、产中和产后的全程标准化运作，从新品种的选育到种养殖、销售、运输、储存再到加工、包装、流通等各个环节基本都实现了标准化，比如欧盟各成员国在农产品生产、加工和流通各环节标准覆盖率高达98%。通常，标准化程度较高的国家，农业产业化程度也较高，极少存在农产品"滞销"的现象。比如在澳大利亚、新西兰，肉羊产业的一体化程度很高，通过建立专业合作社体系，尽可能延长产业链条，促进了产业内价值大幅增值（Duncan Anderson，2009）。

（4）产品质量检测体系制度化，认证体系严格化。为确保农产品质量安全，发达国家一般都有比较严格的产品质量检测体系和认证体系，如美国农业部（USDA）主管的强制性肉禽检验制度；澳大利亚建有比较完善的质量保证体系，尤其对肉禽产品出口，必须经过一套完整的检验程序，达到检测要求后方可离港。法国执行严格的农产品质量标识制度，尤其对优质农产品，必须经过层层检测，达到标准要求方可使用符合条例的合格证书。发达国家不仅对本国生产的产品进行严格的检测和质量认证，对于从国外进口的产品执行的标准近乎苛刻，无形中构成了一种"技术壁垒"，用标准化手段限制发展中国家农产品进入其市场。例如，美国要求进口的农产品必须获得HACCP资格认证，方可进入美国市场。

二　国内农业标准化发展历程

自新中国成立后，我国农业标准化发展大致经历四个发展阶段，尤其在80年代后，我国农村经历了农村家庭经营体制改革后，农业部门为了大力发展农业生产，农业标准化工作才得到重视，并逐步恢复和快速发展起来。其发展历程主要分为以下几个阶段（见图3-1）。

1. 起步阶段（1949—1966年）

新中国成立初期，为恢复生产力，增加农业产量，我国也开始着手

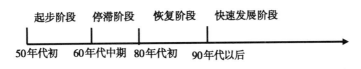

图 3 - 1　新中国成立后我国农业标准化的发展历程

开展标准化工作，主要涉及畜牧兽药、植物保护等方面。与此同时，也首次明确相关部门的标准代号，比如农业为 NY，农垦、水产、林业分别为 NK、SC、LY。在畜牧业领域，对优良种畜饲养标准的制定，如《种羊饲养标准》、《种猪饲养标准》等，对进一步优良种畜的选育、繁育和推广起到重要作用。同时，为了加强重要农产品的统一集中管理，对粮、棉、油等制定了收购规格和标准。事实上，这段时期的农业标准化在很大程度上并不具备农业标准化生产和发展的社会经济环境，计划经济体制下的标准制定带有明显的行政色彩和主观性，而且标准使用范围大多局限于生产环节。

2. 停滞阶段（1966—1978 年）

这一阶段主要受"文化大革命"影响，标准化工作也因此而中断，直到十一届三中全会后才逐步恢复。

3. 恢复阶段（1978—1996 年）

十一届三中全会以后，我国农业标准化工作朝纵深方向发展，建立健全农业标准化结构，先后成立农作物种子、绵羊、山羊、肥料和土壤等十余个农业标准化技术委员会，积极开展各项标准的制定。进入 80 年代初期，随着农村推行家庭联产承包责任制，农业产量逐步提高，农产品供给也逐步丰富。但是，这一时期农业标准化发展的重点仍然是追求数量增长，与农产品市场、贸易和消费需求还未实现有效衔接。1989 年全国人民代表大会通过的《中华人民共和国标准化法》和 1990 年国务院发布的《标准化法实施条例》，为我国农业标准制的修订、实施、监督以及相应体系建设提供了法律支撑。

4. 快速发展阶段（1996 年至今）

1996 年，国家技术监督局部署了第一批 67 个农业标准化示范项目，与此同时，全国各地开始推进农业标准化发展。2000 年，农业部、财政部联合首都新闻界宣布，将用 5 年或稍长时间完成 2500 项左右的农业标准制的修订，每年 350 项左右，以满足农业结构调整、农产品质量升级和农产品国际贸易的需要。同年，国务院首先将农业标准化纳入

计划经济向市场经济的转型，在这样一个特殊发展背景下，探析我国农业标准化实施路径是非常有现实意义的。

一　我国农业标准化的路径演变

政府是最大的制度供给者，而且中国农业标准化大规模、大范围的实施，政府推动是符合中国国情最基本、最重要的形式。随着市场经济的全球化、一体化发展，龙头企业带动成为农业标准化"质"与"量"提升的关键。在农业标准化中，农业标准是农业科技的高级反映形式，也是经验知识、市场需求和技术进步的高度集成和浓缩。然而，农业的标准化离不开广大农户的参与，合作社组织作为连接标准和农户的发动者和组织者，不断推动农户分散经营模式向集约化、规模化发展。因此，在我国农业标准化发展的不同阶段，表现出不同的实施模式（见图3-3）。

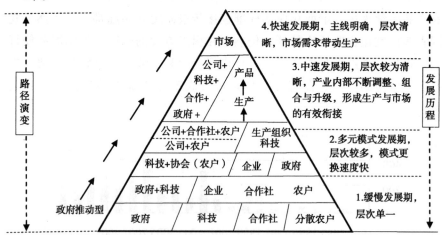

图 3 - 3　中国农业标准化发展历程及路径演变

资料来源：在李鑫（2009）的图表基础上修改整理而得。

注：（1）图中同一层由斜线所隔面积表示不同类型或主体所占比例；（2）每层加粗者表示其为本层中的主体。

（1）政府推动型的标准化起步阶段。改革开放前，按照我国对农业的理解，分散农户为主体的农业过程，仅是一种传统的农业过程。在这个时期，对农业标准化的推进，首先必须是思想的解放，其次才是对农业格局的改造，进而引导农户走向标准化生产之路。再者，受计划经济的影响，我国农产品市场存在严重的信息不对称和交易成本过高现象，市场资源配置效率低下，标准的制定几乎和市场需求没有关联。在计划经济体制下，制度供给起着主导作用，我国的农业标准化工作仅是政府行为。

（2）"政府＋科技"主导型的标准化发展阶段。改革开放初期，我国进行了全面的农村改革，推行农村家庭承包经营责任制，以家庭为我国农业生产的基本单位，农户仍然是农业生产的主体，这一阶段的农业生产依然追求数量的增长。然而这一制度的改革，从某种意义上说，限制了规模经济或范围经济的形成，千家万户分散经营的小农生产与国内外大市场的矛盾已经初现。从理论上讲，标准具有公共物品属性，同时也具有传递质量信息和降低交易成本的功能，但是农业标准化，只有在农业生产达到一定规模或交易价格完全由市场决定的情况下，才能实现标准化的经济功能。因此，在这种情况下，大范围地推进农业标准化仍然具有一定难度，政府仍居主导地位。但是这一时期，政府部门相继颁布了一系列与标准化相关的法律法规，政府的作用表现为在法律框架下对农业标准化进行规范和扶持，"政府＋科技"成为主导，然而强调单一环节的生产标准化是这个阶段重点，多是由生产曲线外移而推动的（农业部农村社会事业发展中心，2011）。

（3）企业带动型的标准化多元发展阶段。20世纪90年代以后，随着我国农业市场化、商品化和专业化发展以及农产品供求格局的改变，农产品质量安全问题和缺乏国际竞争优势等问题逐渐显露出来。为满足市场需求和适应市场变化，我国农业标准化工作从单纯追求数量增长转变为数量和质量并重发展，农业标准的范围从单一生产环节扩大到加工、流通、销售各环节以及环境保护。农业标准化推进的重点也转向标准的宣传、推广、实施和示范（城南，2007）。标准化的实施模式出现多元化发展，主要有科研院所带动型、公司带动型（"公司＋合作社＋农户"、"公司＋农户"等）、三元发展型（"公司＋科研院所＋农户"）等模式。这个阶段因处于发展探索期，已经出现制度供给和需求共同驱动的趋势。从制度供给方（政府）来讲，已经具备丰富的理论与强大的资金支持，并逐步颁布相关法律法规，为标准化实施路径提供法律支撑。从需求方来说，农业标准化生产与市场需求是紧密相连的，为保证农产品质量安全和提升产品市场竞争力，市场以及农业经济组织需要相关标准来规范生产，标准的制定和推广已经成为现代经济实体不可或缺的制度因素（Swann G. M. P. , 2000）。

（4）市场需求拉动型的标准化快速发展阶段。自我国加入 WTO 以后，农产品市场进一步放开，标准作为一种"绿色壁垒"，对农产品国际贸易产生重要影响，农产品的生产不仅要满足国内消费市场需求，还要适应国际市场的变化。随着国际市场竞争压力的与日俱增，我国农业国际标准采标率低、标准的技术水平弱、标准适应性差、更新速度缓慢等问题相继出现。于是，自 2001 年开始，我国加大对农业标准制的修订工作，这一点从图 3 - 2 中可以看出。与此同时，以市场为导向，顺应国际农业未来发展方向，不断在农业内部进行结构调整和组合，从而形成产学研相结合的发展模式。"入世"以来的这段时期是我国农业标准化快速发展阶段，这个阶段农业标准化路径的特征突出表现为需求拉动。

总之，与发达国家农业标准化发展历程相比，我国农业标准化发展路径较长时期内表现为摸索前进的过程，在此过程中，政府的推动作用是其中一个因素，更重要的是，我国农业标准化也是农产品市场化、国际化发展的必然产物。然而，随着我国农业标准化的路径演变，标准的制定与推广实施更多地表现为满足市场对农产品多样性、质优安全的需求。虽然目前我国的农业标准化体系建设与发达国家存在一定差距，但是我国农业其他子产业的标准化路径已表现出强劲的发展潜力。在此背景下，对我国肉羊产业标准化的实施模式进行透视，总结其共性和差异特征是有重要意义的。

二　我国肉羊产业标准化发展历程与实施模式分析

1. 我国肉羊产业发展历程

世界养羊业的发展，与市场需求的历史性变化是密切相关的。19世纪初，澳大利亚细毛羊产业发展成为主导产业，被誉为"绵羊王国"。20 世纪 60 年代以前，世界养羊业的重点是羊毛生产。20 世纪 60 年代以后，世界养羊业开始向多元化发展，羊肉生产量和消费量开始显著增长，养羊业主导方向出现了"毛主肉从"向"肉主毛从"的发展趋势。进入 90 年代以后，随着国际羊毛市场的疲软，羊肉需求量急剧增加，世界许多国家羊肉生产由数量型增长转向质量型增长，并积极开展肉羊育种工作，培育出了一批优良的肉用品种，世界各国正是通过开展育种改良刺激了养羊业生产方向的转变。

20 世纪 80 年代以前，我国养羊业在世界羊毛市场需求的拉动下，重点发展羊毛生产，羊肉生产一直未受到重视。直到 90 年代以后，随着国民经济的快速发展和人们健康意识的增强，羊肉凭借其独特的特性深受消费者喜爱。尤其近 15 年来，我国肉羊产业进入快速发展时期，成为肉羊生产大国（李秉龙、夏晓平，2012）。如图 3 - 4 所示，我国羊肉产量从 1996 年的 181 万吨快速增加到 2012 年的 401 万吨，产量增长了 1.22 倍。相较于欧美一些畜牧业发达国家肉羊产业发展经验，我国羊肉产量在不断增长的同时，也面临着生产方式落后、生产效率低下、饲料资源短缺、饲料转化率低、羊肉品质差、国际市场竞争力弱等突出问题，如何在有限的资源禀赋下，既要规范肉羊生产、保障羊肉产品有效供给，又要提升羊肉产品质量安全水平、满足日益增长的消费需求，肉羊产业标准化规模养殖被认为是解决问题的出路，也成为政府积极引导和鼓励发展的方向（耿宁、李秉龙，2013）。

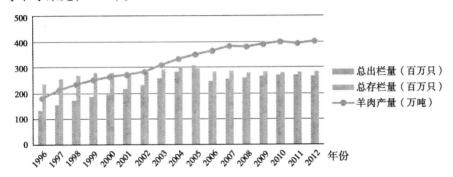

图 3 - 4　我国肉羊年出栏量、存栏量及生产情况

资料来源：《中国农村统计年鉴》（1997—2013）。

从养殖规模来看，我国肉羊养殖方式仍然较为传统和落后，主要以家庭经营、小规模散养为主，饲养规模在 30 只以下的年出栏量占全国比重的 50% 左右（见表 3 - 2）。据官方数据显示，2012 年，全国肉羊养殖户共计 1958.11 万户，其中年出栏 100 只以下的户（场）数达 1926.7 万户，占总户（场）数的 98.4%，而出栏 100 只以上的户（场）数仅占总数的 1.6%，由此可见，我国肉羊生产集中度仍然很低，饲养模式基本表现为"小规模、大群体"。总的来看，我国肉羊养殖方式仍以传统粗放型为主，规模化程度偏小，不利于标准化方式的推广。因此，因地制宜，积极探寻适合我国肉羊产业标准化发展的模式是至关重要的。

表 3 – 2 我国肉羊生产规模分布 单位：万户，百万只

年出栏数 年份	1—29 只		30—99 只		100—499 只		500—999 只		1000 只以上	
	场数	出栏	场数	出栏	场数	出栏	场数	出栏	场数	出栏
2003	2681	164.4	162.6	82.2	15.9	35	1.14	7.31	0.18	2.07
2004	—	—	157.1	79.6	15.9	37.4	0.82	7.32	0.12	2.48
2005	—	—	163.7	88.5	27.1	43.2	1.37	8.15	0.22	3.29
2006	—	—	168	82.8	27.1	42.0	2.54	15.8	—	—
2007	2393	209.2	160	85.5	23.3	44.8	1.68	12.6	0.25	4.11
2008	2120	183.9	152.8	84.1	23.7	50.5	1.37	8.92	0.24	4.56
2009	1980	172.8	166.3	91.15	24.3	52.9	1.5	10.5	0.28	6.85
2010	1980	177.1	160.2	89.7	24.6	57.3	1.74	12.1	0.37	9.85
2011	1888	—	164.5	—	25.9	—	2.2	—	0.48	—
2012	1756	—	170.7	—	28.4	—	2.41	—	0.6	—

资料来源：《中国畜牧业年鉴》（2004—2013）。
注："—"表示数据缺失。

从区域变动来说，由于各地资源环境、经济发展水平的不同，饲养品种及羊肉产量也有所不同。我国绵羊养殖地区主要集中在内蒙古、新疆、甘肃、青海和西藏五大牧区，这五大牧区的绵羊存栏总量占全国绵羊总存栏量的比例一直在70%以上。其中内蒙古和新疆一直稳居前两位，并且这两个自治区的绵羊存栏量占全国总量比例在60%以上，成为绵羊肉的主产区。而我国山羊的养殖大省（自治区）主要集中在河南、山东、内蒙古、四川及江苏等省（自治区），这些省（自治区）在我国多数年份里稳居我国山羊存栏量排名的前五位，并且除了内蒙古其他四个省区都分布在农区。从养殖地区分布来看，绵羊养殖主要以牧区为主，山羊养殖分布比较分散，除了内蒙古以外，

主要分布在农区和半农半牧区。另外，国家相关产业政策的出台，[①]一方面有效推动了我国肉羊产业的快速发展；另一方面也调整了肉羊生产的区域分布，划分出肉羊生产的优势产区（见表3-3）。[②] 从变动趋势上来看，肉羊生产向四大优势区域集中的趋势明显，其中中原优势区和中东部农牧交错区是肉羊生产的重中之重，这两大优势区的羊肉总量占全国的比例一直保持在58%左右，并且无论在生产的绝对量上还是发展速度上均保持领先地位（夏晓平，2011）。但综合来看，除了自然条件这一传统重要因素影响区域变动外，区域经济发展水平、政府政策扶持也是关键因素（李秉龙，2012）。

表3-3　　　　　　中国四大优势区域羊肉生产情况　　　单位：万吨，%

年份		2000	2003	2004	2005	2006	2007	2008	2009	2010	2011	2012
全国		274	357.2	399.3	435.5	469.7	382.6	380.3	389.4	399	393.1	401
中原优势区	河北	24.6	29	31.1	33.7	35.4	24.3	26.5	28	29.3	28.4	28.7
	山东	24.8	32.9	35	36.4	36.6	33	33.2	32.9	32.7	32.5	33.1
	河南	32	42	44.6	46.7	51.2	25.3	26.5	25.9	25.2	24.8	24.8
	湖北	3	4.9	5.8	6	6.5	6.1	7.3	7.8	8.1	8.0	8.2
	江苏	15.8	17.6	17.4	17.9	18	7.1	7	7.5	7.4	7.3	7.6
	安徽	11.2	15.1	16.4	16.4	17.6	13.2	13.4	13.8	14.2	14.2	14.6
	占比	40.6	39.61	37.64	36.07	35.19	28.49	29.95	29.7	29.3	27.27	29.2

---

① 国家出台"优化农业区域布局，加快建设优势农产品产业带"政策，并相继颁布了《肉牛肉羊优势区域发展规划（2003—2007）》和《肉羊优势区域布局规划（2008—2015）》。

② 农业部《肉羊优势区域布局规划（2008—2015）》中按照"资源优势、产业发展基础等"将我国肉羊生产的主要地区分为四大优势区域，其中，中原优势区有河北、山东、河南、湖北、江苏、安徽；中东部农牧交错带优势区有山西、内蒙古、辽宁、吉林、黑龙江；西北优势区有新疆、甘肃、陕西、宁夏；西南优势区有四川、重庆、云南、湖南、贵州。

年份		2000	2003	2004	2005	2006	2007	2008	2009	2010	2011	2012
中东部农牧交错带优势区	山西	7	7.2	7.2	7.4	7.7	5.2	5.1	5.6	5.6	5.6	5.9
	内蒙古	31.8	45.3	60.4	72.4	81	80.8	84.8	88.2	89.2	87.2	88.6
	辽宁	3.4	5.1	6.1	7.1	7.6	7	7.3	7.8	7.9	7.9	7.9
	吉林	3.2	3.8	4	4.2	4.3	4.4	3.5	3.6	3.8	3.9	4.1
	黑龙江	3.5	6.7	9	10.7	12	10.4	10.5	11.6	12.1	11.8	12.1
	占比	17.8	19.06	21.71	23.38	23.97	28.18	29.24	29.9	29.7	29.61	29.6
西北优势区	新疆	37.5	45.5	52.7	59.9	67	60.5	46	47	47	46.4	48
	甘肃	7.5	10.6	11.2	12.5	14.4	14.6	15.4	15.6	15.4	15.4	15.9
	陕西	5.4	7.9	8.4	9.3	10.2	7	7.4	7.3	7.3	6.7	6.9
	宁夏	3.3	5.5	6.1	6.4	7.2	5.7	5.9	6.8	7.3	7.9	8.5
	占比	19.6	19.46	19.63	20.2	21.0	22.95	19.6	19.7	19.3	19.4	19.8
西南优势区	四川	16.2	17.4	18.8	20	21	23.8	24	24.3	24.8	23.9	24
	重庆	1.9	2.7	3.4	3.6	4	1.6	1.8	2.1	2.4	2.6	2.8
	云南	5.8	8.2	8.9	10.1	11.4	10.2	11.5	12.1	12.9	13	13.6
	湖南	6.1	9.4	10.1	11.6	13	10.3	10.6	11	10.6	10.2	10.3
	贵州	4.2	5	5	5.5	6	2.8	3	3.2	3.4	3.4	3.5
	占比	12.5	11.81	11.57	11.66	11.79	12.73	13.38	13.5	13.5	13.51	13.5
	占比总计	90.5	89.94	90.55	91.34	91.98	92.35	92.21	92.9	91.9	89.82	92.1

资料来源:《中国农村统计年鉴》(2000—2013),经整理。

2. 我国肉羊产业标准化发展模式分析

肉羊产业标准化规模经营就是在选址布局、栏舍建设、生产设施配备、良种选择、投入品使用、卫生防疫、粪污处理等方面严格执行法律法规和相关标准的规定,并按程序组织生产的过程,以规模化带动标准化、以标准化提升规模化。[①] 标准化工作的重点着力于标准的制修订、实施与推广,以实现肉羊产业的品种良种化、养殖设施化、生产规范化、防疫制度化、粪污处理无害化和监管常态化的"六化"发展。

(1) 与肉羊产业相关的标准。标准是肉羊产业标准化中最基本、

————————

[①] "肉羊标准化规模经营"的含义来自农业部 2010 年 3 月 29 日发布的《关于加快推进畜禽标准化规模养殖的意见》。

最核心和最实质的要素，相关标准的制定是对产业实现最少投入、最简过程和最大效益的潜在根本。截至目前，我国已发布的农业国家标准有1900多项，行业标准有3200余项，除去废止的标准，我国现行畜牧业国家和农业行业标准共有578项，其中涉及与肉羊相关的现行标准有66项，[①] 标准范围涉及基础标准、品种资源、饲养标准、生产管理技术要求、畜产品加工技术和设计要求、产品质量、等级和规格要求、质量安全限量及检测方法以及畜牧生产环境标准（见表3-4）。虽然肉羊产业标准数量相对较少，但这仅从国家层面进行统计，根据实地调研情况来说，一些羊肉主产区如内蒙古、新疆、山东等地制定相关地方标准和企业标准的出台，对提升区域肉羊产业标准化水平具有很重要的作用。2011年，第一批农业部畜禽标准化示范场总共有475个，其中包括44个肉羊标准化示范场。[②] 可以看出，今后一段时期内，我国政府对肉羊产业标准化发展将给予一定重视。

表 3-4　　　　　　　　　　我国肉羊相关标准制定情况

范围	标准类别	
	国家标准（GB）	行业标准（NY）
基础标准	2	1
品种资源	10	6
饲养标准	3	1
生产管理技术要求	3	13
畜产品加工技术和设计要求	3	4
产品质量、等级和规格要求	3	4
质量安全限量及检测方法	3	—
畜牧生产环境	2	8
总计	29	37
	66	

（2）实施模式分析。肉羊产业有别于我国生猪、肉鸡、蛋鸡等畜

---

① 数据来源：根据国家标准化委员会网站（http：//www.sac.gov.cn/）和中国农业质量标准网网站（http：//www.caqs.gov.cn/）整理而得。

② 资料来源：农业部网站（http：//www.moa.gov.cn）。

牧产业，其受自然资源禀赋、生态环境、饲养技术水平、相关产业发展以及市场需求变化等因素影响较大，要实现专业化、标准化生产并不是一个经济个体就能实现的。然而，标准化规模经营也并非规模越大就能实现标准化的规模经济，标准化应以适度规模为基础。我国各地自然资源禀赋、经济发展水平以及市场需求情况各异，使得我国各地肉羊标准化规模经营并不可能采取同一种模式，发展路径并不一致。通过课题组实地调研情况，以下将对各地因地制宜地发展肉羊标准化规模经营实施路径与典型经验进行总结与归纳。

一是湖北省十堰市"12345"标准化养羊模式。十堰市位于湖北省西北部，是四省区交界地区，环境优美，气候适宜。当地农民一直都有养羊习惯，并且山羊产业也成为当地农业的传统产业。经过多年探索与发展，利用当地资源禀赋优势条件，从 20 世纪 90 年代起发展肉羊规模经营。并在此基础上创造了"12345"标准化养殖模式，即一个农户建一栋标准化高床羊舍，面积 80—100 平方米；饲养 20 只能繁母羊；种植 3 亩优质牧草；农作物秸秆资源利用率 40% 左右；年出栏肉羊 50 只。据调查，采用该模式的养羊户年纯收入达 3 万元，每只平均收入 200 元以上。该模式已作为标准化养羊模式在全省普遍推广，其规模养殖的比例占全市 90% 以上。十堰市政府也非常重视山羊良种的选育，联合科研单位、企业，重点推进马头山羊良种繁育、商品羊基地建设项目。"12345"标准化模式推广三大发展阶段。该模式主要的创新之处表现在：首先，抓品种、提质量。加强种源基地建设，建立了马头山羊纯种繁育基地，通过对马头山羊开展选育、提纯、复壮、培优等一系列工作，其生产性能得到较大提升，种羊个体明显提高，母羊繁殖率达到了 428%，商品羊屠宰率提高了 5%—8%。利用科技积极开展山羊杂交改良，探索出了适合十堰市实际的山羊杂交模式，即利用父本努比山羊和母本马头山羊杂交，再利用波尔山羊做终端父本和马头山羊进行杂交，经过杂交后的肉羊当年出栏体重达 45—52.5 千克，是普通山羊的 1.5 倍，出栏周期缩短 4 个月，大大提高了农户的养殖收益。其次，抓科技、增效益。2010 年，国家标准化委员会发布了《马头山羊》国家标准，成为首个畜禽品种国家标准。为改变传统散养的原始习惯，提高养羊的经济效益和社会效益，成功打造了"12345"标准化养羊模式，该模式不仅提高了养殖效率、减少了疫病风险，而且有利于生态环境的保护。最后，抓品牌、拓市场。十堰市政府经过不懈努力，通过申报，最终确立了马头山羊为地理标志产品。同时注册了马头山羊的系列商标，通过品牌宣传，拓展了市场，提高了山羊产业的经济效益。

二是四川省简阳市山羊产业"六化"发展模式。简阳市凭借其特定的地理、气候条件造就了简阳羊肉独特的品质特性，是我国南方省区品牌山羊（肉）的典型代表。简阳市山羊产业养殖方式先进，产业链完整，品牌创建成效显著，现代化山羊产业雏形逐渐显现，并逐步形成了"六化"产业发展模式。①"山羊品种优良化"，简州大耳羊经过多年民间选育和 30 年的人工培育，于 2012 年被农业部认定为山羊新品种，具有繁殖率高、个体大、产肉性能好、耐粗饲、无膻味等特点，深受当地养羊户和消费者的青睐。②"养殖设施化"，舍饲高床羊舍不仅是对传统方式的改进，而且也能很好地降低由畜污混杂所带来的疫病风险。据调查，采用该设施养羊的存栏只数占全市总量的 86.7%。③"经营产业化"，以大哥大牧业有限公司、四川正东农牧集团等为简阳市山羊养殖的龙头企业，以合作社为纽带，形成了"龙头企业 + 合作社 + 基地 + 农户"的山羊联养运作机制，实现企业和农户的合作共赢。④"示范标准化"，在政府的项目资金支持下，建成国家级、省级肉羊标准化示范场共 3 个，标准化养羊示范基地村 53 个，带动了 3600 户农户养羊。⑤"营销品牌化"，简阳市通过创建有机羊肉品牌、绿色饲料产品以及"简阳羊肉"地理标志产品，提高简阳羊肉产品的知名度，同时每年开办"简阳羊肉美食文化节"，进一步增大宣传力度。⑥"消费大众化"，简阳市不但是山羊肉主产区，也是羊肉主销区。采用各种方式来消费羊肉已成为当地居民的饮食主流，用简阳大耳羊制作的羊肉汤全国闻名。

三是陕西省麟游县"闫怀杰户营模式"。该模式是在家庭经营的基础上，探寻出的家庭适度规模养羊模式，源于麟游县养羊户闫怀杰布尔羊养殖经验。以增加农户收入为目的，以低投入、高回报为主要特点，该模式的具体内容为：每个养羊户以饲养 30 只能繁母羊为主，采用自繁自养或短期育肥方式，年出栏商品羊 40 只以上，户均年收入 4 万元以上。该模式从品种改良、圈舍建造到养殖方式都进行了技术改造，称为"三改"。其中饲养品种采用布尔山羊和本地羊杂交；

饲喂方式采用舍饲和补料（在不同生长阶段补充精料、微量元素等）搭配喂养；注重羊只的公母分群、老少分群；对肉羊常见传染病和普通病（布病、寄生虫病、流感等）进行提前预防和圈舍消毒。这就是该模式所倡导的"一喂二分三补四防"，实现了良种、良法、良养的有机结合和统一。另外，政府高度重视，为了推广使用该模式，出台了一系列的优惠政策，包括补贴和奖励政策。比如对羊舍改造补贴35元/平方米，对机械设施（铡草机等）、布尔种公羊进行补贴，对进行标准化的规模养殖场（户）进行奖励。

四是内蒙古巴彦淖尔市肉羊全产业链发展模式。巴彦淖尔市是全国地级市中规模最大的肉羊生产加工基地，也是内蒙古肉羊产业重点发展优势区之一，素有"全国肉羊看内蒙，内蒙肉羊看巴盟"之说。巴盟肉羊产业发展具有常年育肥、四季均衡出栏的特点。近年来，该市探索出了发展本市肉羊产业的"增量、扩草、提质、强防、精养"五大关键环节，从培育新品种（巴美肉羊）入手，加强杂交改良进程，强化龙头企业基地建设，不断延伸产业链条，实现肉羊产业规模扩张和质量提升。首先，以养殖大户、龙头企业为重点扶持对象，发挥其在生产标准化规模经营的引领作用。截至2012年年底，全市累计建成年出栏500只以上的肉羊规模养殖场3124个，规模化比例达到62%。通过政策扶持和项目推动，重点培育养殖大户、专业小区和公司化养殖场，引领肉羊生产朝规模化、标准化方向发展。其中，肉羊产业正由传统家庭生产向规模养殖发展。其次，在广大畜牧科技人员和农牧民的不懈努力和精心培育下，通过对蒙古羊和美利奴羊杂交改良、横交固定和选育提高，最终培育成体型外貌一致、遗传性能稳定的肉毛兼用新品种——巴美肉羊，其为当地农户提供了优质种源，巴美肉羊平均胴体重19.5公斤，出栏率达到128%。新品种的育成不仅优化了当地饲养品种结构，同时对于打造具有比较优势和核心竞争力的效益型肉羊产业奠定了坚实的基础。最后，培育龙头企业，用工业化理念发展草原畜牧业。通过学习发达国家和地区肉羊产业发展的先进经验，用发展工业化的理念发展草原畜牧业，重点引进和扶持肉羊加工龙头企业，目前已建成小肥羊、草原宏宝、草原鑫河、索伦等近42家肉羊加工企业。凭借国内外市场对高端羊肉需求旺盛和居民食品消费结构优化升级的有利契机，不断整合和引领本市肉羊加工企业，推动了全市肉羊产业的可持续发展。

五是贵州省晴隆县"晴隆模式"。该模式的基本内涵就是石漠化治理与发展草地生态畜牧业相结合。由于贵州晴隆县地处云贵高原中段，石漠化现象较为严重。因此，在政府的支持和领导下，组织发动群众，在25°坡地耕地和石漠化严重的乡村种草养羊，既能保护生态环境又能增加农户收入。该模式运用"中心 + 养羊专业合作社 + 农户"的利益联动机制，即以贵州省扶贫办科技减贫项目作资金支持，成立草地畜牧业发展中心，通过中心向养羊专业合作社无偿提供种公羊、草种、修建圈舍以及相关技术服务等；由农民出土地、出劳力，在中心的指导下进行放牧；专业合作社作为连接中心和农户的纽带，负责参与中心的销售、羊群日常管理以及协调解决农户之间的矛盾等问题。通过"晴隆模式"的发展，目前晴隆县已取得显著的生态、社会和经济效益，以晴隆县为代表，坚持种草养羊与生态相结合，借助政府的科技扶贫项目，形成政府主导、多方配合、龙头带动、合作社联合农户的产业化扶贫模式，实现了生态和经济效益的共赢。

综合以上我国肉羊产业标准化实施的典型经验可以看出，我国肉羊产业标准化实施路径依然沿袭了我国整个农业标准化的实施路径，这与我国制度变迁和国情有关。应该说，进入 21 世纪以后，我国肉羊产业才真正进入发展的快车道。有些标准化实施的典型案例依然离不开政府的主导和推动，这也意味着我国肉羊产业标准化正处于起步阶段。借助国外发达国家的典型经验，我国有些地区已经出现了产学研相结合、以规模化带动标准化、标准化提升产业化的典型发展模式，这也为我国肉羊产业向现代化发展的成功转型起到很好的助推作用。

本章小结

本章在对国内外农业标准化发展概况进行介绍的基础上，从制度变迁的视角对我国农业标准化实施路径进行宏观分析，进而对我国肉羊产业标准化规模经营实施路径与典型经验进行总结与归纳，得出以下结论。

（1）国外农业标准化的经验启示与国内农业标准化发展历程。一是通过梳理发达国家农业标准化发展的成熟经验得出四点启示：标准制定和实施的法律化、系统化；标准化参与主体的多元化、市场化；农产品生产过程的标准化、产业化；产品质量检测体系制度化、认证体系严格化。二是新中国成立后，我国的农业标准化的发展主要经历了起步阶段、停滞阶段、恢复阶段和快速发展阶段。

（2）我国肉羊产业发展历程分析。与发达国家农业标准化发展历程相比，我国农业标准化路径较长时期表现为不断探索前进的过程，在此过程中，政府的推动作用是其中一个因素，更重要的是，农业标准化也是农产品市场化、国际化发展的必然产物。标准的制定与推广实施更多地表现为满足市场对农产品多样性、质优安全的需求。在此背景下，我国肉羊产业发展也逐步朝规模化、优势产区区域化方向发展。

（3）我国肉羊产业标准化实施模式分析。结合我国肉羊产业实际调研情况和发展经验，对我国肉羊产业标准化的实施模式进行了透视，并总结其发展过程中的共性和差异特征，得出以下结论：第一，标准化规模经营并非单纯地强调规模越大越好，要因地制宜，与资源禀赋、生态环境和市场需求相结合发展适度规模经营。第二，标准化发展的模式不可同日而语，这与各地产业政策、经济发展水平、农户饲养习惯以及自然条件密切相关。第三，政府的主导作用在标准化实施过程中依然较为明显，这与我国肉羊产业标准化处于起步阶段有关。第四，以标准化带动产业化发展，在有些肉羊主产区已初见端倪，这对我国肉羊产业向现代化转型起到助推器的作用。第五，培育适合当地饲养的优良种羊是肉羊产业标准化模式推广的关键。

第四章 基于利益主体长期协作的
肉羊良种化运行机制分析

优良品种的培育和推广应用是我国肉羊产业科学发展的关键，也是由养羊大国向养羊强国转变的前提和基础。良种作为一种特殊的生产要素投入，对提高我国肉羊生产水平至关重要。由于品种的不同，羊肉的产量、品质及效益具有很大的差异。当然，良种的培育既是一项长期的系统工程，也是在市场需求、技术、政策、资金以及资源约束下多方利益主体长期协作和目标行为决策整合的结果。如何实现各相关利益主体的目标收益趋同，在育种过程中选择更为科学合理的运行机制，这是本章研究的重点。

第一节 我国肉羊育种的特征与主要问题

一 国内外优良品种资源

1. 国外优良品种资源

目前，国外生产用途单一的肉用绵羊、山羊品种较多，其中较为著名的肉用绵羊品种主要有南非美利奴羊、杜泊羊，英国的萨福克羊、林肯羊、边区莱斯特羊、罗姆尼羊，新西兰的考力代羊、无角陶赛特羊、德拉斯代羊，荷兰的特克赛尔羊，法国的兰布列羊，澳大利亚的康拜克羊等。其主要品种的地理分布与生产特征见表4-1。

表4-1　世界主要肉用绵羊品种的地理分布与生产特征

品种	产地	分布	成年羊体重（公斤）		年均产羔率（%）
			公羊	母羊	
杜泊羊（Dorper）	南非	世界各国	100—110	75—90	140

续表

品种	产地	分布	成年羊体重（公斤）		年均产羔率（%）
			公羊	母羊	
萨福克羊（Suffolk）	英国	新西兰	100—136	70—96	141.7—157.7
特克赛尔羊（Texel）	荷兰	世界各国	115—130	75—80	150—160
无角陶赛特羊（Poll Dorset）	澳大利亚新西兰	世界各国	90—110	65—75	137—175
美利奴羊（Mutton Merino）	德国	欧洲	90—100	60—65	140—175
考力代羊（Corriedale）	新西兰	美洲、亚洲、南非	85—105	65—80	110—130
波德代羊（Borderdale）	新西兰	新西兰	90	60—70	140—150

资料来源：根据《肉羊生产技术指南》整理得到。

　　国外主要的肉用山羊品种有非洲的波尔山羊、萨赫勒山羊（马里）、索马里山羊、西非矮羊、马拉迪羊（尼日尔）、孟加拉黑山羊、欧洲的挪威山羊、瓦莱黑颈羊（瑞士）以及新西兰基库羊和澳大利亚山羊等。其中，波尔山羊被誉为世界"肉羊之父"，是世界上著名的大体型肉用山羊品种，其在产肉量、瘦肉品质、增重速度和繁殖力等方面有其他肉羊品种无与伦比的优势。世界主要肉用山羊品种的地理分布与生产特征见表4－2。

表4－2　　　　世界主要肉用山羊品种的地理分布与生产特征

品种	产地	分布	成年羊体重（公斤）		年均产羔率（%）
			公羊	母羊	
波尔山羊（Boer）	南非	南非、新西兰、澳大利亚等	90—130	60—90	180
萨赫勒山羊（Sahelia）	马里	非洲	32	32	70
巴尔巴里（Barbari）	巴基斯坦	印巴交界	30	30	一胎3羔
马拉迪羊（Maradi）	尼日尔	尼日尔	25	25	65
西非矮羊（West African Dwarf）	西、中非	欧洲	20	20	一胎3—4羔

资料来源：根据《肉羊生产技术指南》整理得到。

　　2. 国内优良品种资源

　　我国绵羊、山羊品种资源十分丰富，仅列入《中国羊品种志》的地方绵羊、山羊遗传资源共有 140 个，其中绵羊品种 71 个，包括地方品种或资源 42 个、培育品种 21 个、引进品种 8 个；山羊品种 69 个，包括地方品种资源 58 个、培育品种 8 个、引进品种 3 个（赵有璋，2011）。中国绵羊、山羊品种资源遍布广泛，从海拔较高的青藏高原到地势较低的东部地区均有其分布。根据地理分布和遗传关系，中国绵羊可划分为蒙古系绵羊、藏系绵羊和哈萨克系绵羊三大谱系。在此基础上，经过长期的驯化和畜牧科技人员几十年的选育与培育，目前我国已育成生产类型多样化、适应性强的绵羊优良品种，如具有高繁殖力特性的小尾寒羊和湖羊。这些绵羊品种均能较好地适应当地的自然环境，具有耐粗饲、抗逆性和抗病力强等特点，在肉、肉质、皮、毛或繁殖力等方面具有各自独特的优良性状，构成了中国丰富的绵羊基因库。国内肉用的绵羊品种地理分布与生产特征见表 4－3。

表 4－3　　　　　我国主要肉用绵羊地方品种与生产性能

品种	产地	成年羊体重（公斤）		年均产羔率（%）	屠宰率（%）
		公羊	母羊		
阿尔泰羊	新疆阿尔泰专区	90.5	67.4	110.3	53
乌珠穆沁羊	内蒙古乌珠穆沁旗	74.43	58.4	100.2	51.4
小尾寒羊	河北沧州、山东菏泽等	95	46	260—270	55.6
湖羊	浙江北、江苏南太湖流域	52	39	245	48.51
大尾寒羊	河北邯郸、山东临清等地	72	52	185—205	54.21
蒙古羊	内蒙古	30—45	26—40	105	40—50
哈萨克羊	天山北和阿尔泰山南	60	50	101.6	49
西藏羊	青藏高原	36.7	29.6	100	50.1

资料来源：根据 2011 年出版的《中国畜禽遗传资源志·羊志》资料整理而得。

　　中国的山羊以地方品种居多，其品种特性和产品特点与产区特殊的生态经济条件有密切的关系。加上多年的自然选择和人工选育，逐步形成各地区具有不同遗传特点、体型、外貌特征和生产性能的山羊品种。山羊具有采食广、耐粗饲和抗逆性强等特点，是适应性最强和地理分布最广泛的家畜品种。据畜禽遗传资源调查，列入 2011 年出版的国家级品种遗传资源志的山羊品种有 66 个。国内肉用山羊品种分布与生产特征见表4－4。

表 4 - 4   **我国主要肉用山羊地方品种与生产性能**

品种	产地	成年羊体重（公斤）		年均产羔率（%）	屠宰率（%）
		公羊	母羊		
马头山羊	湖南常德、湖北郧阳等地	43.8	33.7	191.4—200	54.1
黄淮山羊	河南周口、安徽和江苏徐州等地	34	26	238.6	49.7
雷州山羊	广东雷州半岛	31.7	28.6	150—200	50—60
陕南白山羊	陕西安康、汉中等地	33	27	259	45.51
成都麻羊	四川成都	43	32.6	205.9	49.6
海门山羊	江苏海门	25—30	16—20	230	46—49

资料来源：根据 2011 年出版的《中国畜禽遗传资源志·羊志》资料整理而得。

二 我国肉羊育种的特征分析

1. 地方品种资源丰富，优良品种以引为主

虽然我国拥有许多优良的地方品种资源，但随着人们羊肉需求与日俱增，目前羊肉数量和质量依然不能满足人们的消费需求。饲养规模的迅速扩张在提高羊肉产量的同时，羊肉质量得不到保障，而品种是影响羊肉产品内在质量的关键因素。我国拥有自主知识产权的肉用品种比较匮乏，而且地方品种多为毛用或毛肉兼用，其中产肉性能较好的小尾寒羊、湖羊、马头山羊、陕南白山羊等也未经系统选育，距国外优良肉用绵羊、山羊品种要求尚有较大差距（耿宁、李秉龙，2014）。目前，一些繁殖力高、胴体品质好、生长速度快、经济效益优的肉用良种主要依靠国外引进。近年来，从国外引进并适合我国养殖的肉用种羊品种主要有萨福克羊、德国肉用美利奴、无角陶赛特（澳大利亚系及新西兰系）、杜泊羊、波尔山羊等。这些肉用种羊，一方面用于纯繁扩群，以增加我国良种数量，丰富种羊资源；另一方面被用作经济杂交的亲本，对选育和培育新的肉用优良品种提供种质资源奠定了基础。

2. 肉羊供种能力逐步提高，供种方式呈多元化发展

肉羊良种的供种能力直接决定了肉羊的生产水平。种羊场处于肉羊产业链的上游环节，在纯繁扩群、经济杂交、供种以及新品种培育等方面发挥了至关重要的作用（耿宁、李秉龙，2014）。1999—2012年，我国种羊年末存栏量和种羊出场数整体呈波动递增趋势（见表

4-5）。除了种羊场供种外，目前我国已有少量企业对国外引进的优良品种进行纯种扩繁或经济杂交，通过活体、冻精以及胚胎等方式向国内养殖企业供种，供种方式呈多元化发展。其中对国外优良品种进行经济杂交，利用杂交后生产力高、生长快、成熟早、饲料报酬率比较高等优势，以提高我国肉羊产业的整体生产水平。

表 4-5　　　　　　　我国肉用种羊的供种能力及肉羊生产情况

年份	种羊场（个）	种羊存栏（万只）	出栏量（万只）	冻精（万剂）	胚胎（枚）	活重（公斤/只）	日增重（公斤/只）	羊肉总产量（万吨）
1999	797	108.5	30.9	—	—	32.71	0.111	251.3
2000	940	109.6	31.1	—	—	34.1	0.116	273.9
2001	1099	116.2	40.3	—	—	38.5	0.148	292.7
2002	1173	95.7	41.6	94.92	66218	40.3	0.145	316.7
2003	1259	124.3	62.1	45.13	57593	36.8	0.128	357.2
2004	1182	122.6	59.0	66.26	32722	41.6	0.175	399.3
2005	1106	124.9	50.2	31.3	41542	42.5	0.183	435.5
2006	907	120.5	45.6	5.4	44433	43.3	0.192	469.7
2007	769	119.6	43.0	27.7	33246	40.7	0.194	382.6
2008	911	140.8	43.9	13.3	36913	39.8	0.19	380.3
2009	906	131.0	37.5	61.0	41195	40.4	0.214	389.4
2010	1040	175.6	66.4	91.56	65179	41.4	0.213	398.9
2011	1168	193.0	86.3	17.5	63467	41.7	0.215	393.1
2012	—	—	—	—	—	42.8	0.219	401

资料来源：《中国畜牧业年鉴》（2000—2013 年），活重和日增重由相应年份的《全国农产品成本收益资料汇编》整理而得。

3. 遗传资源保护力度加大，新品种培育和推广不断增强

从 1995 年开始，国家实施了畜禽种质资源保护项目，相继出台了畜禽遗传资源保护的法律法规，明确建立了畜禽遗传资源保护制度。2007 年成立了国家畜禽遗传资源委员会，主要负责畜禽遗传资源的鉴定、保护和评估以及新品种、配套系审定等。"十一五"期间，全国各地建设了 73 个羊保种场、保护区和基因库，保种的方式主要以活体为主，以冷冻精液和胚胎为辅。为适应市场需求，我国政府、育种企业和科研院所联合农户，利用现代育种技术，以地方品种资源为

基本素材，经过长期的选育过程，已经成功培育出巴美肉羊、昭乌达肉羊、察哈尔羊、鲁西黑头肉羊和南江黄羊、简州大耳羊、天府肉羊等多个肉羊新品种（系）（见表4－6和表4－7）。这些培育出的新品种，属于我国自主知识产权的肉羊新品种，相比地方品种，不仅在产肉率、生产性能和饲料转化率等方面有了显著提高，而且在羊肉品质和效益提升方面具有绝对优势。肉羊新品种的培育与推广应用，一方面对提升当地肉羊产业发展有重要现实意义；另一方面，在一定程度上可以缓解对国外良种过度依赖的局面，同时也能满足消费者对羊肉产品优质化、特色化的需求。

表4－6   我国杂交培育的肉用绵羊品种（系）及其生产特征

品种	育种地	杂交亲本	成年羊体重（公斤）		年均产羔率（%）	屠宰率（%）
			公羊	母羊		
巴美肉羊	内蒙古巴彦淖尔市	蒙古羊×美利奴	101.2	60.5	151.7	51.1
昭乌达肉羊	内蒙古赤峰市	改良细毛羊×美利奴	95.7	55.7	137.6	46.7
察哈尔羊	内蒙古锡林郭勒盟	内蒙古细毛羊×美利奴	80.3	63.4	147	49.9
鲁西黑头肉羊	山东聊城市	小尾寒羊×黑头杜泊	107.3	60.1	203	55.1

资料来源：根据实际调研资料及相应的育种技术报告整理所得。

表4－7   我国杂交培育的肉用山羊品种（系）及其生产特征

品种	育种地	杂交亲本	成年羊体重（公斤）		年均产羔率（%）	屠宰率（%）
			公羊	母羊		
南江黄羊	四川南江	努比亚山羊×本地山羊	69	45	200	44
简州大耳羊	四川简阳	努比亚山羊×本地麻羊	100	70	200	49.6
天府肉羊	四川	大耳羊×波尔山羊	80—135	56	198	52.6

资料来源：根据实际调研资料及相应的育种技术报告整理所得。

三   我国肉羊育种存在的主要问题

1. 优良的肉用品种匮乏，肉羊良种化程度低

虽然我国具有丰富的地方品种资源，但专门的肉用品种相对比较缺乏。近年来国家批准认定的肉羊新品种如巴美肉羊、昭乌达肉羊、察哈尔羊的推广主要在内蒙古的局部地区，对我国肉羊产业的整体提升作用还十分有限（耿宁、李秉龙，2014）。山羊品种除了经过多年

选育而成的南江黄羊、简州大耳羊为我国优良肉用山羊品种资源外，大部分为普通山羊，普遍存在产肉性能差、生长速度慢、繁殖率和饲料转化率低下等缺陷，严重制约了我国肉羊产业的发展。虽然通过大量引入国外优良品种，积极开展纯繁扩群以及杂交改良地方品种，但我国绵羊、山羊良种化程度依然不高，据调查数据显示，我国目前的肉羊良种覆盖率仅占全国绵羊、山羊总数的38%，[①] 而山羊的良种化程度更低，这大大影响了我国肉羊产业的总体生产水平的提高。

2. 引进品种只引不选，地方资源选育不充分

由于国外品种具有良好的生产性能，20世纪我国出现了肉羊"引种潮"，但是我国肉羊当地品种改良需求大，而引入良种数量有限，这种供需矛盾的存在引发了肉羊"炒种"现象，并在一定程度上阻碍了我国肉羊产业发展。比如波尔山羊，是世界上唯一公认的肉用山羊品种，具有极高的经济价值、杂交优势明显以及适应性极强等特性，我国引入的种羊很少进入生产环节，而是被周转于企业或养殖场，暴利的驱动诱使很多企业、养殖大户纷纷加入"炒种"的行列。即使有些种羊被引入之后，一些种羊场或种羊企业在良种繁育过程中不经科学选育，只注重杂交数量不重质量，全部作为种羊出售，导致杂种羊遗传性能不稳定、杂交后代生产性能下降等，从而在很大程度上延缓了肉羊良种化的进程。

3. 种羊选育选种标准欠缺，种羊市场鱼龙混杂

目前我国已经鉴定并颁布的关于羊品种资源的国家标准有10项，行业标准有6项，[②] 而作为肉用种羊的标准仅有两项，分别为波尔山羊种羊标准（GB 19376—2003）和无角陶赛特种羊标准（NY 811—2004）。标准少、执行标准不严、个别地方种羊鉴定管理不到位，是造成种羊选育推广、种羊品质退化及种羊市场混乱的主要原因。此外，种羊在选育和管理过程中，技术要求较高，从日常管理到技术人员都需要严格准入标准。虽然政府主管部门已出台相关选育标准，达到种羊标准按种羊出售进入市场，但是种羊选育根据标准进行选择和淘汰的较少，由于利益驱使达不到标准者也按照种羊进行销售，导致

---

① 数据来源：农业部《全国羊遗传改良方案（2009—2020）》。

② 数据来源：国家标准化管理委员会网站（http://www.sac.gov.cn/）。

种羊市场"以次充好"的现象时有发生。

4. 良种繁育体系不健全, 服务能力依然较弱

肉羊良种繁育体系是推广和普及优良品种的重要载体, 对加快肉羊良种化进程起着十分重要的作用。但是, 从总体上看, 我国肉羊良种繁育体系缺乏活力也不健全。首先, 肉羊良种繁育结构体系不合理。目前我国并未形成由原种场、扩繁场和商品场组成的完整的良种繁育结构。多数原种场规模偏小, 基础设施简陋, 育种技术水平低, 选种和繁育手段落后, 有些地区甚至不设商品场, 而是原种场与扩繁场同时供应种羊。导致种羊生产、管理及推广部门信息不对称、服务能力较弱、服务效率低下。其次, 基础设施薄弱, 育种技术普及困难。我国中等及欠发达地区一直是我国羊肉供给的主体, 这些地区的种羊场、人工授精站等由于缺乏资金扶持, 技术设施简陋, 基层技术服务推广单位条件差, 技术人员服务不到位, 许多育种场和扩繁场名不副实或倒闭破产。最后, 种羊鉴定管理不到位。因管理力量薄弱、种羊质量监督管理体系不健全, 导致种羊总体质量不高。

第二节　我国肉羊育种的模式与运行机制分析

综合以上分析, 可以看出, 我国虽然拥有丰富的绵羊、山羊品种资源, 但优良的肉用种羊仍需大量引进。对国外优良品种的过度依赖, 虽然在短期内可以促进肉羊产业的发展, 但也会造成对地方品种资源保护冲击、增加病源引入风险等负面影响。从宏观角度来说, 核心种质资源如果受制于发达国家, 势必会影响我国肉羊产业发展的战略安全。因此, 培育拥有自主知识产权的肉羊良种不仅是提高我国肉羊产业经济效益和羊肉产品质量的关键要素, 也是我国肉羊产业可持续发展的前提。从发展实际来看, 我国的肉羊育种技术已领先于世界先进水平, 经过多年自然选育和杂交组合, 各地新培育出的肉用品种(系), 如内蒙古的昭乌达肉羊、巴美肉羊; 四川的简州大耳羊、南江黄羊; 山东的鲁西黑头肉羊等良种不仅表现出极强的适应性和生产性能, 而且其羊肉品质和经济效益均有很大提高, 这对提升我国局部地区肉羊产业水平贡献很大(如图 4 - 1 所示)。总结和探究已培育出肉羊优良品种的经验和模式, 对进一步发展培育和推广优良肉用种羊,

以提高我国肉羊产业核心竞争力和整体生产水平，具有重要的现实意义。

图 4 - 1　我国肉羊新品种培育的主要区域示意

一　肉羊育种的主要模式

在我国肉羊育种的过程中涉及多个相关利益主体，主要有政府、科研院校、育种企业、育种专业合作社及农（牧）户，并且不同的利益联结模式形成了不同的作用路径。根据实际调研资料，对已经通过鉴定的肉羊新品种（系）的育种经验和模式进行总结（见表4－8），得出目前肉羊新品种培育的模式主要有政府主导型、企业主导型和科研单位主导型三种。

表 4 - 8　　　　　　　我国肉羊新品种培育的主要模式

模式	培育品种	利益主体	主要牵头单位
政府主导型	察哈尔羊	政府 + 科研单位 + 种羊场	锡林郭勒盟农牧业局

续表

模式	培育品种	利益主体	主要牵头单位
企业主导型	简州大耳羊、昭乌达肉羊、巴美肉羊	龙头企业 + 科研单位 + 政府龙头企业 + 育种合作社 + 农户	四川大哥大牧业有限公司、内蒙古好鲁库德美羊业有限公司、内蒙古巴美养殖开发有限公司
科研单位主导型	鲁西黑头肉羊	科研单位 + 政府	山东省农业科学院畜牧兽医研究所

资料来源：根据实际调研资料及相关育种技术报告整理汇总而得。

通过总结肉羊育种的主要模式，可以发现一些共性的经验和特点值得借鉴。

从参与主体来看，政府、企业和科研单位是主要的育种主体，只是在不同的育种模式中，三者的主导地位有所差异，这与各自所追求的目标利益不同有关。在市场经济环境中，政府、企业、科研单位都是相互独立的行为主体，其所要实现的目标效益并不一致。

从育种模式来看，企业主导型是三种模式中发展较为普遍的一种，该模式下培育成功的肉羊品种也较多，形成了比较顺畅的产学研合作机制。由于技术是肉羊良种化过程中的核心要素，而科研单位在育种过程中高度参与并提供技术支撑，企业和政府提供试验场所和资本支持，三者建立了良好的利益联结机制，从而加速了肉羊新品种培育的进程。

从技术应用来看，新品种"育"的阶段对技术的集成要求最为迫切，只有将先进技术应用到生产实践中，才能发挥技术潜在的经济效益水平。从目前新品种培育的实际来看，从种羊生产性能测定、人工授精、胚胎移植、同期发情、密集产羔等应用技术，到BLUP[①] 统计方法使用以及微卫星分子遗传标记育种技术、FecB多胎基因检测技术均处于世界领先水平，并且也已应用于种羊培育与选育的过程之中，从而能缩小与发达国家育种的差距。

---

① BLUP统计方法，即最佳线性无偏预测（Best Linear Unbiased Prediction）法，该方法能显著提高畜禽品种遗传进展，尤其对于中等程度或高遗传力的遗传性状和限性性状，系谱信息较为健全，个体表型值较为准确。20世纪70年代，成为多数国家牛育种值估计的常规方法；到了80年代后期，一些国家开始将这一方法应用于猪和羊。

二　肉羊育种的运行机制分析

1. 政府主导的"政府 + 科研单位 + 种羊场"运行机制

从理论层面来讲，肉羊优良品种的培育与推广不仅肩负着提高肉羊生产水平和生产效率，实现农牧民增产增收的重任，而且新品种的培育同属农业的科技进步，具有高度的公益性和公共性，属于准公共物品，政府对这类准公共物品的提供承担一定的责任。比如内蒙古察哈尔羊的选育，为了适应当地自然、资源条件和市场需求，由锡林郭勒盟农牧业局牵头，组织当地各旗农牧局，协同内蒙古德美种羊场、镶黄旗德美种羊场、正镶白旗德美种羊场、正蓝旗德美种羊场，在内蒙古农业大学、内蒙古自治区农牧业科学院以及内蒙古自治区家畜改良工作站等育种技术支撑下，共同完成了察哈尔羊新品种培育工作。在育种过程中，一方面，为了满足市场需求，充分发挥当地自然资源优势，政府在种公羊引种、杂交改良、种羊扩繁以及种公羊调配过程中，执行财政拨款、政策支持等行政职能，从而确保了育种过程中的资金来源，保障察哈尔羊新品种培育工作的顺利开展。另一方面，以种羊场为培育中心，依托科研院校开展科学实验研究，同时为种羊纯种扩繁、察哈尔羊良种繁育、饲养管理等提供技术支撑，确保了种羊羊源的稳定。其中科研单位多以技术协作单位的形式出现，其资金来源于科研项目和政府拨款。政府、科研单位和种羊场之间形成良好的利益联结形式。

在计划经济阶段，"政府 + 种羊场"是肉羊产业发展最早的一种形式，大多数种羊场为国营企业，政府的行政职能过于强大，对于种公羊进行统一调配，种羊具有"公共物品"的属性，种羊的商品化程度低，种羊场盈利能力弱，经常要面临倒闭的处境。随着市场经济的发展，多数种羊场进行改制，科研单位也凭借项目支持，积极参与新品种培育。通过市场机制激励，提高种羊场的生产效率和盈利能力，进而也加速了育种进程。

2. 以龙头企业为主导的"龙头企业 + 科研院所 + 政府"运行机制

由于新品种的选育与培育是一个长期且复杂的过程，在以往民间选育的过程中，由于缺乏技术指导和资金支持，一些具有繁殖力高、适应性强、品质优良等特性的地方品种系统选育不够充分，导致我国肉羊育种工作滞后于其他畜禽品种。近年来，为了满足肉羊产业生产的需要，对优良种羊的需求也随之增加，国内出现为数不少的以育种为核心的龙头企业，不仅对国外引进的优良品种进行纯种扩繁和杂交改良，还以冻精、胚胎移植、活体等方式向国内养殖企业供种，从而形成了企业主动型的育种模式，育种技术通过市场机制加以扩散，大大提高了肉羊养殖业的劳动生产率和经济效益，实现了肉羊产业由公共育种向商业育种的转变。

这种方式以育种为核心的龙头企业为主，政府为辅，科研院所作为技术协作单位，企业对种羊的选育、培育、扩繁、养殖及销售进行管理。在政府的帮助下，更有利于调动企业的育种积极性，也能较好地保证种羊的质量和供应。这种利益联结方式，既利用了公司的资金、技术、管理、市场等优势，引导育种企业向商业性育种转变，又能依托政府的政策支持和科研院所的技术协作，使得育种工作朝着良性健康的方向发展，是一种比较稳定的模式。目前，国内通过企政研合作的方式成功培育出的优良品种资源情况如表 4 - 9 所示。

表 4 - 9　　　　　　　通过企政研合作培育肉羊新品种的情况

培育品种	育种企业	主要合作科研院所	政府单位
简州大耳羊	四川大哥大牧业有限公司	四川农业大学、四川畜牧科学研究院等	简阳市畜牧食品局
巴美肉羊	内蒙古巴美养殖开发有限公司	内蒙古农业大学、内蒙古自治区家畜改良站等	巴彦淖尔市农牧业局
昭乌达肉羊	内蒙古好鲁库德美羊业有限公司	内蒙古自治区农牧业科学院	赤峰市农牧业局

目前，肉羊育种采用这种方式，其优点体现在以下几个方面。

一是从技术的角度来看，以育种为核心的龙头公司，在利益的驱动下，能形成从品种选育、种羊生产到种羊销售"育、繁、推"一体化的经营模式，该模式同时也有利于先进育种技术的普及与推广。技术创新是产业发展的内生动力，也是企业效益的来源。企业凭借雄厚的经济基础，依托科研院所作为技术支撑，不断进行育种技术的创新与推广，如胚胎移植、人工授精、母羊同期发情等技术的普及，不仅可以加快品种选育进展，提高优秀种公羊和母羊的利用率，缓解种羊供应不足的困境，还可以抑制种羊的市场价格，维护种羊市场秩序。

二是从利益分配的角度来看，企业在政府扶持、国家投资的基础上开展育种，品种经过鉴定后，对企业授予合法品种权保护（以四川大哥大牧业有限公司为典型案例，该公司简州大耳羊原种场于2010年8月通过专家组验收，2013年2月农业部正式审定简州大耳羊为国家新品种，而大哥大公司为该品种的第一培育种企业，授予该企业种羊培育、扩繁及销售合法权利），[①] 育种企业自主经营，高价销售种羊，依法经营所得利益能得到有效保障。作为技术协作的科研院所，一方面，可以从政府或企业得到应有的研究经费开展相关研究，提高育种技术的科技含量，加快育种的进程；另一方面，企业提供科研所需的育种试验场所，使得育种与生产紧密结合，加大科技成果的转化力度。

三是从产权界定的角度来看，一般以政府主导的农业基础科学研究成果并不存在直接的商业价值，其公共技术具有外溢性和非排他性等典型的公共物品属性。如果育种技术由研究者垄断，由于缺乏市场、管理等优势，不利于良种化的普及。当授予企业某种特定的权利，对其育种成果加以权利保护，育种方式由公共育种转变为商业育种，发挥市场机制对品种资源的决定性作用，不仅能加快育种的进程，而且能对培育出的新品种予以保护。

3. 以龙头企业为主导的"龙头企业＋育种协会（合作社）＋农（牧）户"运行机制

育种技术创新的成果只有推广应用到肉羊生产过程中，才能发挥其最大的经济优势，因此，肉羊育种的可持续性除了品种自身的优良特性之外，关键还在于其产业化生产的建立和发展，也即肉羊良种的"扩繁"和"推广"。这种方式是公司通过提供种羊、技术服务、订单生产、利润返还等方式与农（牧）户建立了紧密的生产销售利益关系。企业与农（牧）户之间以育种协会（或种羊合作社）为纽带，与农（牧）户签订"合作协议"及"配种协议"，给农（牧）户以优惠转让、租赁等方式提供种羊，并免费提供杂交、防疫、人工授精等技术服务，保障农（牧）户的种羊生产，以减少农（牧）户的养殖

---

① 资料来源：2012年5月，由简阳市畜牧食品局、西南民族大学、四川农业大学、四川省畜牧科学研究院联合撰写的《简阳（州）大耳羊新品种培育技术工作报告》。

风险，从而也调动了农（牧）户养殖的积极性。同时，农（牧）户严格按照种羊培育标准进行种羊培育，企业根据国家种羊鉴定标准，对农（牧）户培育的种羊进行统一的选留或淘汰，对达到标准的育种羔羊或种羊，通过订单高价回收，以集中育肥或定点销售等方式，获取种羊生产的规模效益。通过这种方式，既有效地维护了协议双方的利益，又使双方成为利益共同体；既消除了单个农（牧）户养殖种羊所面临的技术和市场的风险，又消除了企业种羊供应过程中量和质不稳定的难题；既降低了企业的饲养成本，实现了资源互补，又整合了育种资源，综合利用育种集成技术，加快了育种进程。该模式下的肉羊良种化进程如图 4 - 2 所示。

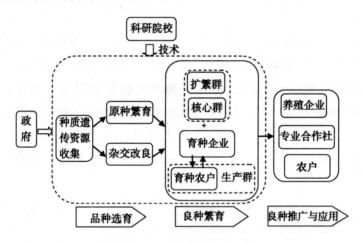

图 4 - 2　肉羊良种化过程

　　比如在巴美肉羊的选育、扩繁和推广应用过程中，建立了严格核心群、扩繁群和生产群三级繁育体系（见图 4 - 3）。其中核心群的主要任务是对育成的巴美肉羊母羊进行品种鉴定，判断其生产性能等各项指标是否符合种羊标准。鉴定完后，留下足够多数量的理想型种羊，其余部分界定为一级羊转入扩繁群，开展优秀个体选配，其过程遵循"优留劣汰"的原则。判定核心群种母羊育成公羔是否达到种羊标准，则通过对 6 月龄公羔的经济性状（生长发育、肥育、胴体等形状）以及相应的体型外貌特征进行测定。如果公羔各项指标达到或超过其母羊级别，那么被选为优质种羊进入扩繁群；反之，公羔达不到种羊标准则被淘汰。依据严格的"优留劣汰"的选育原则，形成一个核心群选育种羊的动态过程（见图 4 - 4）。

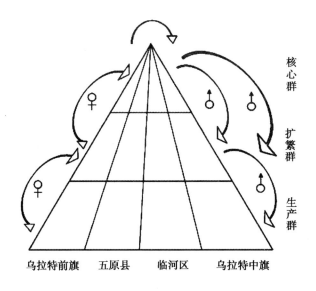

核心群

扩繁群

生产群

乌拉特前旗　　五原县　　临河区　　乌拉特中旗

图 4 - 3　巴美肉羊繁育体系

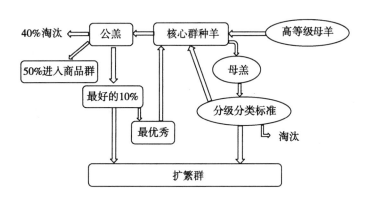

图 4 - 4　核心群选种技术示意图

　　为了提高育种质量，加快育种进程形成，公司联合农户进行扩繁，形成"公司 + 专业合作社 + 农户"育种模式。首先，公司选择优质能繁母羊给农户饲养，并提供先进的育种技术或者对农户进行技术培训，而农户则利用自家圈舍、饲草资源结合公司制定的饲养标准，按规定进行饲喂，由此充分整合了育种资源。其次，为了减少公司管理成本以及提高育种效率，公司把懂经营、善管理、养殖规模大、资源禀赋优的育种农户组织起来，成立育种专业合作社，实行强强联合。这种育种模式，一方面节约了公司成本，不仅充分利用育种集成技术，而且动员农户饲养选育母羊，利用农户自身的基础资源，减少了公司投入成本，形成"家家搞繁育，户户搞育种"的局面；另一方面，提高育种效率，实现资源互补。根据草畜平衡的原则，确立农户适度的养殖规模。再者，农户饲草料资源丰富，既可以利用种植优势，种植优质牧草，又可以利用农作物秸秆等资源，资源充分利用，提高了育种效率。

4. 以科研单位为主导的"科研院所 + 种羊场"运行机制

科学技术是畜禽育种过程中的核心要素，良种的选育与培育对技术的集成与创新要求最为迫切。在前三种模式中，科研院所一般作为协作单位，提供技术指导，不参与种羊的商品化运作。而在"科研院所 + 种羊场"的模式中，科研单位凭借多年的试验研究，整合地方自然资源，利用科研优势，借助科研项目和政府的财政扶持，积极开展肉羊新品种的培育，其突出优势表现为，先进的育种技术在缩短育种周期、提高育种速度方面作用比较显著。培育出的肉羊新品种属于科研单位自主知识产权的产物，商品化程度较高，因此可增加科研单位的资金来源。比如山东鲁西黑头肉羊多胎品系，是适合中原农区气候生态和舍饲饲养的肉羊新品系，是利用杜泊级杂交小尾寒羊培育而成的肉羊新品系，主要育种区域在山东鲁西地区和河南东部，处于我国中原肉羊优势产区，其主要的育种单位为山东省农业科学院畜牧兽医所。培育成功的鲁西黑头肉羊相比母本小尾寒羊，在繁殖率、平均日增重、屠宰率、羊肉品质、只均经济收益等方面都显著提高（如表4－10 和表 4－11 所示）。

表 4－10　　　　　　　　鲁西黑头肉羊成本收益试验结果

单位：千克，克，元/千克，元

品种		只数	平均日增重	平均耗粮	平均消耗精料	料重比（全）	料重比（精）	饲料价格	饲料成本	只均纯收入
鲁西黑头肉羊	试验组 1	5	307	119	71	65	3.9	2	207	124
	试验组 2	5	287	121	61	7.1	3.5	2	191	119
	试验组 3	5	264	126	51	8	3.2	1	174	111
	平均	5	286	122	61	7.2	3.5	2	191	118
小尾寒羊		5	271	121	61	7.5	3.7	2	190	86

资料来源：表中试验数据均来自实际调研资料。

表 4 - 11　　　　　　　　　鲁西黑头羊肉品质测定（n = 4）

指标	鲁西黑头肉羊	小尾寒羊
滴水损失（%）	1.60 ± 0.25	2.32 ± 0.42
pH（45 min）	6.38 ± 0.06	6.66 ± 0.07
pH（24 h）	5.57 ± 0.02	5.69 ± 0.02
剪切力值	3.88 ± 0.77	4.09 ± 0.66
肌纤维密度（N/mm^2）	4 243.76 ± 668.24	3 871.45 ± 613.29
肌纤维直径（μm）	18.98 ± 1.03	20.98 ± 2.43
S：M：P	0.9：1：1	0.28：1：1

注：表中"S：M：P"表示"饱和脂肪酸：单不饱和脂肪酸：多不饱和脂肪酸"，其中鲁西黑头肉羊的比例更接近于世界卫生组织和联合国粮农组织的推荐标准（1：1：1），相比小尾寒羊肉品对人体更有益。

但是这种方式也存有一定的局限性，表现为两个方面：一是在实际育种过程中，种羊场隶属于科研单位管理，受生产人员的限制，科研单位并不能成为良种生产或扩繁的主体，相比育种企业，在管理、资金灵活周转等方面主动性较弱；二是科研单位与市场衔接紧密程度不高，科研成果的商品化推广并非其长项，不具有品种推广的优势。

第三节　我国肉羊良种化的运行机理分析

综观国内的肉羊育种实践和运行机制可以得出，肉羊良种的选育、繁育和推广应用的有效运行既是一个长期的系统工程，也是一个在市场需求、资源、技术、制度以及资金投入约束下相关利益主体长期协作和多目标行为决策整合的结果（如图 4 - 5 所示）。因此，基于主体要素（相关利益主体）和客体要素（市场需求、资源、技术、制度、资金）的视角，对肉羊育种的运行机理进行分析和探讨。

在整个肉羊品种选育、繁育和推广应用的过程中，相关利益主体不同目标的决策行为决定了不同的利益联结机制及运行机制。

一　不同利益主体的行为目标

从相关利益主体的行为目标来说，政府的高度参与主要是为了实现综合效益最大化，比如从宏观角度出发，要稳定羊肉产品的供应、

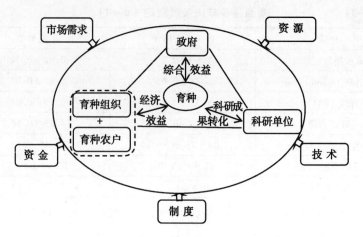

图 4 – 5   肉羊育种的运行机理

提高肉羊养殖业核心竞争力、保护生态环境等。育种组织作为理性经济人追求长期收益最大化，从育种本身来讲，品种选育时间长、技术要求高、资金投入大，与此同时育种组织也面临品种选育淘汰率高、资金回收困难的困境，因此在多数发达国家，育种的主体以协会组织为主导，充分发挥了协会组织资源共享和协调服务的功能。对育种农户而言，我国多数育种农户是依附于育种组织而开展的，尤其针对我国肉羊产业小规模散养的特点，短期效益最大化是农户参与联合育种的动力。而科研单位在育种过程中承担了技术支撑和科研成果转化为生产力的任务，主要为育种组织提供先进技术的推广和应用，使得育种与生产紧密结合，加大科研成果转化力度，加速良种化进程。如繁殖育新技术（胚胎移植技术、人工授精技术）的推广，不仅可以扩大优良种畜禽的利用率，缓解良种供应不足的困境，还可以抑制种畜禽的市场价格，维护市场秩序。然而，在实际育种过程中，科研单位多数以技术支撑和合作单位的形式出现，育种企业才是联结新品种和市场的纽带，具有品种推广优势。

二 客体要素约束

良种在长期选育的过程中多要受到市场需求、资源、技术、制度及资金的约束。一是市场需求是产业发展的动力。以市场需求为导向，调整改良方案，制定选育目标，培育出优质、高性能的种羊，能更好地促进肉羊产业朝现代、高产、优质的方向发展。二是丰富的畜禽种质遗传资源是优良品种改良的基础。任何畜禽品种遗传资源都是经过长期自然选育的结果，都具有优良的性状或基因，并且都有一定的环境适应性，良种更是如此。另外，新品种在培育的过程中，也容易受到环境、气候、水资源、饲料资源的影响，比如我国已育出的简州大耳羊、昭乌达肉羊、察哈尔羊等都能很好地适应当地自然环境以及饲养方式。三是技术是育种过程中的核心要素。而良种的选育对技术的集成与创新要求最为迫切，良种化的过程实际就是技术创新和推广的过程。比如在品种选育中，所使用的分子遗传标记育种技术、FecB 多胎基因检测技术等都已达到世界领先水平。四是制度因素的影响也是育种过程不可忽略的一个重要方面，制度可以约束相关利益主体的行为、规范市场秩序和提高育种效率。比如发达国家建立的一系列制度标准体系，如种畜登记制度，跨区域后代鉴定制度以及相关的行业标准等；我国先后出台的《畜禽品种审定办法》、《种畜禽管理办法》、《种畜禽场管理及畜禽种质鉴定规则》等配套性规章和规则，从而形成了比较完善的种用畜禽管理法规、规章和规范性文件体系。这些制度法规都使得本国的育种工作有章可循。五是新品种的培育也是一个高风险投资过程，在整个育种过程中需要强大的资金作为支持。不论是政府主导型的育种模式，还是企业或科研单位主导的育种模式，都是为了利用政府或公司的资金优势，确保优良品种选育、培育与推广过程中的资金保障。

因此，在市场需求、资源、制度、技术以及资金投入的约束下，我国肉羊良种化会形成不同的运行机制，并且每一种客体要素的欠缺或不足，都可能会引起"短板效应"，进而影响运行机制的运行效率，即肉羊良种化进程。结合我国肉羊育种的实际情况，总结与借鉴各地区的先进育种经验，弥补运行机制中存在的"短板"，才能打破我国核心种质资源过度依赖进口的局面，提高我国肉羊产业的核心竞争力。

本章小结

本章在对我国肉羊育种的现状、主要问题进行概述的基础上，总结了我国现有知识产权的肉羊良种的育种模式和运行机制，进一步分析得出我国肉羊育种的运行机理,并得出以下结论。

(1)从国内外肉羊品种资源来看,我国地方品种资源与国外优良品种相比,在生产性能方面存在较大差距。通过多年选育成功的杂交品种昭乌达肉羊、巴美肉羊、察哈尔羊、南江黄羊、简州大耳羊、鲁西黑头肉羊的生产性能、适应性、饲料转化率、羊肉品质等相比地方品种都有显著提高,但这些优良品种的推广仅局限于内蒙古、四川、山东等局部地区,对提升我国肉羊产业的整体水平作用有限。

(2)从育种模式来看,目前国内肉羊新品种培育的模式主要有政府主导型、企业主导型和科研单位主导型三种。在品种"育"的阶段,较为流行的一种模式是企业主导型,即"龙头企业+科研院所+政府"。而在品种"繁"和"推"的阶段,比较成熟的模式是"龙头企业+育种协会(合作社)+农(牧)户"。总而言之,企业主导型的育种模式,建立了比较顺畅的产学研相结合的运行机制,无论从技术、利益分配,还是产权界定方面,都能促进相关利益主体实现最大的目标收益。

(3)从运行机理来看,肉羊育种是一个长期且复杂的系统工程。在育种的过程中,要受市场需求、资源、技术、制度和资金的约束,要实现相关利益主体(政府、企业、育种组织、科研单位)的行为目标,需要各利益主体长期协作,以弥补各自客体要素的"短板",提高育种资源的整合效率。

第五章　基于饲草料资源优化的肉羊营养标准化绩效分析

动物营养供给和需要平衡是畜牧生产的关键环节，也是实现各种生产目的的基础，充分的营养供给和科学的饲料搭配不仅对肉羊生长速度而且也对羊肉品质产生着重要影响。因此，探究我国肉羊营养需要量，优化饲料资源，制定科学合理的饲养标准，对充分发挥肉羊生产性能、降低饲养成本、提高肉羊养殖经济效益具有重要的现实意义。

第一节　营养标准在肉羊生产中的作用分析

肉羊营养需要量和饲养标准是饲料配制方法的理论依据和指导性文件。传统的饲料配方是参考饲养标准，将肉羊的生产分为若干阶段（产羔、哺乳、育肥等），根据肉羊特定生长阶段的营养需要优化饲料资源、合理配制相应的日粮，并且这种方法在我国肉羊生产实践中一直占据主导地位。与澳大利亚、新西兰、欧盟等一些肉羊产业比较发达的国家相比，我国对肉羊营养需要和饲养标准的研究工作虽然起步较晚，但研究进展却比较快，比如拥有自主知识产权的肉羊全混日粮（TMR）[①]颗粒饲料，能满足肉羊六种不同生长阶段的营养需要专用饲料；中国农科院饲料营养所研发的羔羊代乳粉，对断乳羔羊短期育肥具有明显的经济效果。国内外动物营养专家一致认为，营养供需平衡是肉羊生产中至关重要的一环。我国养羊业中由于营养供给不足或营养供给过多而引起的肉羊生产（长）性能降低或饲料资源浪费现象非常严重，这不仅造成了肉羊生长速度慢、羊肉品质下降，而且也浪费

---

① TMR 是全混日粮（Total Mixed Ration）英文的简称，是根据营养需求配制饲料，将精饲料、粗饲料以及微量元素等添加剂混合均匀而成的一种营养浓度均衡的日粮。

了大量的饲草料资源、加重了草地超载过牧的压力，最重要的是肉羊饲养的经济效益低下。因此，国内动物营养专家积极开展肉羊营养物质代谢及营养需要参数的细致研究，制定、修订各种绵羊、山羊饲养标准，对指导我国肉羊产业向科学化饲喂、标准化生产的现代化方式转型发挥了重要作用。

一　优化饲草料资源

饲草资源是肉羊产业的基础资源，散养肉羊平均每只耗粮 45.73 公斤，消耗精饲料数量 64.10 公斤，[①] 因此优化饲草料资源，提高饲草料的利用率也是肉羊科学饲喂的前提。我国具有丰富的饲草、农作物秸秆、糟渣资源，根据相关部门统计，我国秸秆年产量约 6 亿—7 亿吨，其中玉米秸秆约 1.3 亿吨，小麦秸秆约 1.3 亿吨，稻草秸秆 1.8 亿吨，豆类秸秆 0.2 亿吨，然而，所产秸秆大约有 70% 被生活燃烧或粉碎还田，仅有 20% 左右作为家畜饲料（毕于运，2009），秸秆的常规营养成分含量如表 5-1 所示。我国各类糟渣年产量约 8000 万吨，主要有淀粉渣、酒糟、醋糟、酱油糟、甜菜渣、甘蔗渣等，其中啤酒酵母等可用作肉羊蛋白质饲料，酒糟、甜菜渣、淀粉渣等可用作肉羊能量饲料，纤维含量高的醋糟、甜菜粕、甘蔗渣等可用作肉羊粗饲料，但据饲料行业的相关统计，仅有 50% 左右开发利用为饲料（钟荣珍，2010），糟渣的常规营养成分及含量如表 5-2 所示。

表 5-1　　　　　　　　秸秆常规营养成分及含量　　　　　单位:%

名称	干物质	粗蛋白	粗纤维	粗脂肪	粗灰分	钙	磷
玉米秸秆	88.8	3.3	33.4	1.6	6.7	0.67	0.23
小麦秸秆	87.8	3.2	38.3	1.4	6.3	0.14	0.07
大麦秸秆	87	3.6	36.2	1.7	6	0.31	0.09
大豆秸秆	86.9	4.5	38.8	1.3	5	1.39	0.05
红豆秸秆	91.1	6.9	43.7	1.2	5.4	—	—
豌豆秸秆	84.7	7.6	33.4	1.5	5.5	—	—
花生藤	90	12.2	21.8	—	—	2.8	0.1

数据来源:《山西配合饲料资源成分及营养价值表》。

---

① 资料来源:《全国农产品成本收益汇编》(2014)。

表 5 - 2　　　　　　　　糟渣常规营养成分及含量　　　　　　　单位:%

名称	干物质	粗蛋白	粗纤维	粗脂肪	粗灰分	钙	磷
醋糟	92	11.3	30.3	4.7	12	0.2	0.05
白酒糟	95	18.3	11.3	8.3	14	0.2	0.61
啤酒糟	25	6.9	3.8	1.5	1.2	0.1	0.12
甜菜糟	91	8.7	18.2	0.5	4.8	0.1	0.02
酱油糟	43	9.6	15.7	7.2	4.8	0.1	0.04
豆腐糟	10	2.8	1.7	1.2	0.4	0.1	0.03
淀粉糟	15	1.8	1.4	0.7	0.4	0	0.02

资料来源:《山西配合饲料资源成分及营养价值表》。

　　我国关于肉羊饲料粮的开发和利用主要取决于我国肉羊营养参数和饲养标准的制修订。1985 年国家修订绵羊饲养标准,规定了不同体重的绵羊品种所需干物质、代谢能、粗蛋白质、钙、磷、维生素 A、维生素 E 等元素的需求量。1993 年,国家农业和食品研究委员会出版发行了《反刍动物能量和蛋白营养需要》,主要对绵羊的营养需求量进行了完善和修订。2007 年,国家农业和食品研究委员会又对早熟、晚熟的绵羊品种提出了新的营养参数推荐量。这些营养标准的制定和修订,既为优化我国肉羊饲草料资源、研制饲料配方提供了参考依据 (部分饲料营养价值见表 5 - 3),也对我国肉羊饲养的科学化、标准化发展起到了巨大的推动作用。

表 5 - 3　　　　　肉羊部分常用饲料营养成分与营养价值　　　单位:%

序号	样本	干物质	粗蛋白	粗脂肪	中性洗涤纤维	粗灰分	钙	磷	代谢能(MJ/kg)
1	中科 4 玉米	88.33	11.08	3.49	16.96	1.41	0.01	0.29	8.71
2	山东玉米	91.34	26.77	15.22	38.32	5.52	0.05	0.74	7.17
3	玉米籽实	90.35	8.63	6.67	29.96	1.87	0.01	0.38	7.04
4	哈密棉籽饼	94.16	35.98	7.81	41.54	5.32	0.1	0.85	6.61
5	内蒙古苜蓿	92.25	14.57	2.14	42.22	6.83	0.84	0.1	7.35
6	全株青贮	94.79	7.45	2.78	47.92	4.53	0.06	0.14	5.76
7	青贮玉米	96.98	7.21	1.5	68.55	8.96	0.23	0.09	4.78
8	哈密玉米秸秆	94	3.55	1.1	70.14	11.7	0.41	0.07	5.56
9	塔城干草	91.74	9.71	2.07	60.12	8.41	0.4	0.14	5.42
10	内蒙古羊草	95.49	5.51	2.39	68.63	5.2	0.12	0.06	3.15

资料来源:中国农业科学院饲料研究所饲料营养应用技术创新团队编:《饲料营养应用技术研究进展 2013》。

二 降低生产成本

从肉羊饲料标准的需求来看，当前我国肉羊产业逐步由放牧向半舍饲或完全舍饲的方式转变，这也在一定程度上增加了肉羊饲养的饲料成本。对于小规模散养农户来说，部分饲草料可以自己生产，劳动力富余，养羊机会成本低。而对于规模养殖户来说，随着养殖规模的扩张，饲料成本也随之增加，饲草料几乎全部依靠外购，如果采用传统的饲喂方式，不仅要考虑粗饲料的运输半径，还会增加雇工劳动成本。因此，针对肉羊的舍饲化养殖方式，根据肉羊营养需要，研制科学的饲料配方，提高饲料利用率，降低养殖成本，是调动养殖企业或农户养羊积极性的关键因素之一。

目前，奶牛全混日粮（TMR）饲料技术已经成熟并在生产过程中推广，通过全混日粮饲料（TMR）技术借鉴，内蒙古巴美养殖开发有限公司已经研发出具有自主知识产权的肉羊全混日粮，生产出适合肉羊各个生长阶段肉羊专用饲料，弥补了由于传统饲草料喂养模式而导致的诸如营养不均衡、体质瘦弱、饲喂周期长等缺陷。该技术的推广，一方面，针对不同品种肉羊的不同生长阶段（妊娠期母羊、种公羊配种期、哺乳期母羊、断奶羔羊成长期、育肥羊等）配制了相应的饲料，有利于肉羊的营养健康，提高了饲料利用率，也提高了羊肉品质；另一方面，全混日粮便于储存和饲喂，解决了饲料四季均衡供应的难题，也降低了雇工劳动成本。利用全混日粮饲喂羔羊的实验表明，与传统方式相比，虽然该技术增加了饲料加工成本，但由于可以利用价格低廉的饲草料代替价格高的饲料部分，反而降低了饲料的平均成本（单达聪、熊六飞，2007）。再者，经全混日粮饲料技术处理后的农副产品和糟渣，改善了其适口性，提高了肉羊干物质的采食量，降低了饲料成本，促进了肉羊产业工厂化、标准化生产。

三 提高生产效率

我国肉羊养殖的主体仍以小规模家庭散养为主，农户对肉羊的饲喂标准基本上凭借多年养羊经验积累。从饲喂方式上，为了减少生产投入成本，基本上都是使用简单的铡草机、饲草粉碎机等工具进行配料，不仅劳动强度加大，而且饲料中精粗比不好把握，如果精料过多，容易造成肉羊瘤胃积食或酸中毒；如果粗料过多，饲料成本有所降低，但羔羊增重慢、育肥期长、经济效益不明显，大大影响了肉羊生产效率。经试验结果表明，农作物秸秆经过粉碎、揉搓、膨化、氨化发酵等处理后，饲喂架子羊，其采食量比铡草机铡短的秸秆可提高15%—20%，消化率可提高15%以上，可以充分利用秸秆的饲用价值（王凯，2011）。以肉羊全混日粮（TMR）为例，与传统饲喂方法相比，其优势体现在两个方面：一是提高了劳动效率，降低了劳动强度。由于饲料经全混日粮饲料技术加工后成为颗粒浓缩料，并且每天饲喂数量有限，劳动力由每天饲喂500只羊变为可以饲喂1000只羊，劳动效率明显提高。二是提高了饲料利用率，减少了饲草料资源的浪费。经试验结果表明，传统饲喂方式，饲草料经过简单处理，几乎有40%的饲草料都浪费了。而饲喂颗粒（膨化）全混日粮，饲料转化率提高了17.25%，尤其在羔羊断奶初期，可有效缓解和降低羔羊腹泻等疫病的发生，对提高羔羊成活率、充分发挥育成羊的生产性能具有重要作用（张红岗，2011）。

四　增加经济效益

肉羊饲料营养的经济效益一般通过羔羊采食量、日增重、饲料转化率、饲喂周期、羔羊疫病发生率等各种指标来体现。从羔羊育肥的饲料因素来看，主要体现在以下几个方面：一是饲料精粗比，通过试验对比，以精粗比6∶4和8∶2饲料粮分别饲喂杂交一代羊，结果表明8∶2试验组的肉羊宰前活重、胴体重、净肉重以及生产过程中的饲料转化率、料肉比等指标要明显高于6∶4试验组，8∶2试验组的经济效益比较明显（闫秋良，2010）。二是饲料的加工方法。与传统借助铡草机等工具进行饲料处理的方法相比，经过膨化发酵的颗粒全混日粮对舍饲羔羊生产性能的影响效果明显，饲喂膨化颗粒全混日粮的舍饲羔羊平均日增重提高31.22%，并且也缩短了饲养周期，经济效益显著提高（张红岗，2011）。三是饲料添加剂。羔羊育肥的饲料添加剂主要有中药和酶制剂，添加剂的作用主要是促进饲料中矿物质的吸收、增强肉羊疫病抵抗力、提高生长效率等功能。为检验添加剂对肉羊生产性能的影响，以含黄腐酸的复合添加剂为例，随机选择40只寒细杂交羔羊，育肥期90天，做对比试验，结果表明，使用添加剂的肉羊平均日增重提高 52g/d（见表 5 - 4），饲料转化率提高了 17.73%，每公斤增重节省饲料成本 0.76 元（见表 5 - 5），取得了明显的经济效益（金海，2012）。

表 5 - 4　　　　　　　**复合添加剂对肉羊日增重的影响**　　　单位：千克/天

组别	前期平均日增重	中期平均日增重	后期平均日增重	全期平均日增重
对照组	0.347 ± 0.024^{a}	0.155 ± 0.032^{c}	0.160 ± 0.034^{c}	0.229 ± 0.032^{c}
试验组	0.331 ± 0.021^{a}	0.219 ± 0.024^{a}	0.292 ± 0.025^{a}	0.281 ± 0.024^{a}

注：表中数值为平均值 ± 标准差；同列数字肩标有相同字母者表示差异不显著（P > 0.05），有相邻字母者表示差异显著（P < 0.05），有相间字母者表示差异极显著。

表 5 - 5　　　　　　　**各组肉羊每公斤体增重的饲料成本**

组别	全期用料费（元/只）	全期增重（公斤/只）	每公斤增重的饲料成本（元/千克体增重）
对照组	161.4	20.61	7.83
试验组	178.71	25.29	7.07

注：以上资料来源均来自（金海，2012）的试验数据。

第二节　肉羊营养标准化对"育肥补饲"的实证分析

肉羊饲料配方是根据肉羊营养需求量而配制的，而营养需求标准不是一个固定的量，它因肉羊的不同品种不同生长阶段而有所差异。饲草料资源是肉羊饲喂的基础，由于饲草料的来源不同，往往又表现出肉羊饲料配制的差异。

一　饲草料的区域差异

1. 北方牧区的饲料品种

北方牧区季节性明显，所使用的饲料主要为精粗饲料搭配，必要时还要补充微量元素。根据牧区农牧业发展情况，其中粗饲料主要有牧草、苜蓿、玉米和小麦秸秆、葵花皮、葵花粕、葵花盘、葵头粉、青干草、杂草等；青贮饲料主要有青贮玉米，部分地区还利用食品工业副产物比如瓜子皮、番茄皮、酒糟等青贮原料；精饲料（包含能量饲料和蛋白质饲料）常用的是玉米、豆粕、豆饼、葵花饼，在内蒙古有些地区已经使用全混日粮；然而，对于微量元素的添加，大多数养羊户使用舔砖（又称舔盐砖），[①]有的还添加碳酸氢钙和维生素。

2. 南方的饲料品种

我国南方地区主要包括江苏、安徽、湖北、云南、贵州、广东、福建等14个省区和上海、重庆2个直辖市。南方地区植被覆盖率高，生态环境良好，饲草及农副产品资源丰富，农作物秸秆与经济作物副产品主要为甘蔗稍儿、薯类副产品等。由于南方夏季高温高湿，夏季补饲主要增加鲜嫩多汁、优质青绿的饲草以及瓜果类、果皮等饲料。在秋冬季节，主要以优质饲草的青贮或干草为主，适当补充精料，除此之外，也添加了瘤胃缓冲剂等饲料添加剂。比如长江中下游及沿海地区，多为硒缺乏的地区，在肉羊补饲中要适当添加硒元素或采用羊用舔砖，避免由于微量元素缺乏而导致育肥效果不佳。

二　育肥补饲技术的推广与应用

随着肉羊养殖规模的不断增长，北方牧区草场载畜负荷较大，已经不宜继续扩大牛羊饲养量，舍饲规模化养羊将成为肉羊产业发展的主要趋势。舍饲养羊过程中，关键是补饲育肥技术的推广与普及。羔羊补饲育肥技术是一种农牧区羔羊育肥性的生产模式，主要是在舍饲或半舍饲的前提下，根据肉羊营养需要量，对羔羊进行精饲料或微量元素添加剂的补饲，以最大限度地发挥羔羊生长优势的一种育肥模式。

以内蒙古为例，当前内蒙古90%的牧区存在超载过牧的现象，限制肉羊饲养只数，以达到草畜平衡，维护草原生态环境。然而在以养羊业为主要支柱产业的内蒙古，提高农牧民收入和限制肉羊饲养只数着实是两难的选择，因此，科研院所和自治区政府在实现肉羊品种优化的同时，积极推广"羔羊放牧＋育肥补饲"技术，以提高肉羊生产效率，增加农牧民的养羊收入。

---

① 舔砖是供牛羊舔舐的一种饲料，成块状，内含有钙、磷等常量元素和铁、锌、硒等微量元素，能有效防治牛羊微量元素缺乏症。

　　我国南方地区，空气潮湿，易滋生病菌，尤其在羔羊出生后一个月内，适应能力和抗病力较差，易感染疾病，需要补饲代乳粉或其他液体料，以提高羔羊成活率。另外，南方时常下雨，不宜放牧，因此，舍饲规模化养羊将成为主要的生产方式。以"放牧＋补饲"模式育肥时，要根据羔羊采食情况调整补饲标准以及饲料配方。比如在育肥中期，增加高蛋白含量饲料的比重，保证羔羊成长的营养均衡和质量；在育肥后期，主要增加能量饲料的比重，如玉米、麸皮、小麦、大麦等精饲料，减少高蛋白含量饲料，以增加育成羊的肥度，提高羊肉品质。

三　育肥补饲技术的经济效果评价

　　本节以 2011 年内蒙古农牧业科学院金海研究员所带领的课题组，在内蒙古锡林郭勒盟育东乌旗肉羊"放牧＋育肥补饲"技术推广试验为研究对象，对该技术的经济效果进行评价。

　　1. 试验区基本情况

　　该育肥项目区位于锡林郭勒盟东乌旗嘎达布其镇巴音都拉嘎查，地处内蒙古自治区锡林郭勒盟东北部，大兴安岭西麓，东邻兴安盟、通辽市，北与蒙古国交界，距旗府乌里雅斯太镇以北 68 公里。全旗现辖 5 个镇、2 个苏木，57 个牧业嘎查，1 个国营林场，总土地面积 4.73 万平方公里，全旗户籍人口 5.65 万人，其中蒙古族人口 4.08 万人，占总人口的 72%，牧民人口 2.78 万人，占总人口的 49%。地上植被主要为天然草场，总面积达 6917 万亩，是锡林郭勒大草原的腹地，其中，可利用草场面积达 6534 万亩，占天然草场面积的 94%；主要畜种有乌珠穆沁白绒山羊、乌珠穆沁牛和乌珠穆沁马等，其中乌珠穆沁羊、乌珠穆沁白绒山羊及绒是首批内蒙古名牌农畜产品。

　　2. 育肥补饲技术的应用

　　（1）试验设计。在该嘎查牧民格日乐家挑选选择杜泊羊（♂）和乌珠穆沁羊（♀）人工授精所产杂交一代羔羊 395 只，按照随机分组的原则分成三组，第一组、第二组羔羊归牧以后补饲不同饲料，对照组归牧后不补饲其他饲料，开展羔羊肥育试验（见表 5 - 6）。

表 5 - 6　　　　　　　　**试验组设计分组情况**

组别	平均体重（千克）	数量（只）	性别		19公斤以上（只）	15—19公斤（只）	15公斤以下（只）	最大体重（千克）	最小体重（千克）
			♂	♀					
试验组 1	16.6	141	89	52	39	51	51	25.2	8.4
试验组 2	16.7	137	71	66	34	59	44	23.6	9.6
对照组	16.4	117	53	64	29	47	41	25	8

（2）补饲及补饲营养情况。为验证不同饲料配方的经济效果，每天试验组 1 和试验组 2 采用"放牧 + 补饲"，白天放牧，试验晚上 6 点归牧后补饲精料；对照组羔羊全天放牧采食，不补饲精料。精料配方均选用当地常规原料，经大型颗粒饲料机械加工生产，饲料配方见表 5 - 7。育肥期间自由饮水，晚上归牧后圈舍休息。

表 5 - 7　　　　　　　　**饲料配方及营养价值**

	饲料原料	1 号饲料配方	2 号饲料配方
配方组成	玉米	68.4%	89.7%
	麸皮	6.5%	1.7%
	豆粕	14.2%	1.7%
	棉粕	8.5%	3.5%
	石粉	1.4%	1.4%
	预混料（1%）	0.5%	1.0%
	食盐	0.5%	0.5%
营养水平	干物质（%）	87.2	86.7
	ME（MJ·kg^{-1}）	11.103	11.12
	CP（%）	16.2	9.49
	Ca（%）	0.55	0.50
	P（%）	0.42	0.30

3. 经济效果评价

（1）饲料采食量分析。在 69 天试验期内，试验组羊平均日采食量为 427 克和 371 克。试验刚开始阶段，采食量逐步增加，中期有所下降，最后呈现不稳定状态。如果前一天采食饲料多，第二天采食量将下降。从动物采食行为看，前期肉羊采食饲料比较积极，同时试验组羊对饲料的适口性表现更好；后期由于牧草生长旺盛，对饲料的采食积极性下降，整个试验期试验组 1 采食量都高于试验组 2（如图

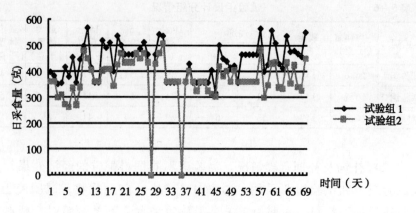

图 5 - 1　育肥试验日采食变化

5 - 1 所示)。

（2）平均日增重。在整个育肥试验期内，放牧后补饲各处理组都显著地提高了羔羊日增重。69 天育肥期内，与对照组相比，试验组 1 日增重提高了 35 克/天，试验组 2 日增重提高了 12 克/天。从试验期内三次称重情况分析，与对照组相比，试验组 1 日增重提高了 75 克/天、23 克/天、12 克/天，试验组 2 日增重提高了 36 克/天、-1 克/天、8 克/天（如表 5 - 8 所示）。结合当地牧草生产情况，在 6 月 20 日以前，牧草基本处于枯黄状态，营养价值低。从 6 月 20 日以后开始降雨两次，牧草开始返青，7 月 10 日以后降雨比较频繁，牧草生产比较旺盛。因此，随着牧草的变化，饲料补饲的效果逐步下降。

表 5 - 8　杜泊羊与蒙古羊杂交一代"放牧 + 补饲"育肥增重效果

组别	品种	育肥只数	饲料饲喂量（克/天）	20 天日增重（克）	30 天日增重（克）	50 天日增重（克）	69 天日增重（克）
试验组 1	杜蒙一代	141	427	159	177	189	170
试验组 2	杜蒙一代	137	371	120	153	185	147
对照组	杜蒙一代	117	0	84	154	177	135

（3）精饲料转化效率。每千克增重消耗精料以杂交育肥组羔羊最低，其为 1：2.1；而呼伦贝尔蒙古羊育肥组为 1：2.5。表明杜泊羊与蒙古羊杂交羔羊育肥较节省饲料，饲料转化率较高，可能与杜泊羊的遗传性能和杂交优势有关。

（4）经济效益分析。结合表5-9、表5-10和表5-11可知，通过对补饲20天、50天和69天的肉羊增重、饲料投入等情况，且各组羊增重按当地市场价（23元/千克）计算，扣除饲料成本费后的经济效益进行统计分析，可以得出：饲喂1号饲料的试验组1在补饲前20天内，相比于试验组2和对照组具有明显的经济效益。但补饲50天和69天的成本收益对比分析发现，试验组1和试验组2所产生的补饲经济效益要低于放牧组。通过实验研究表明，在牧区草地牧草较为丰盛的时期，传统放牧对肉羊养殖户具有明显经济效益。

表5-9　　　　肉羊"放牧+育肥补饲"20天经济效益分析

组别	20天增重（千克）	饲料投入（元/只）	增重收入（元/只）	纯收入（元/只）
试验组1	3.03	21.87	69.69	47.82
试验组2	2.27	17.25	52.21	34.96
对照组	1.59	0	36.57	36.57

表5-10　　　　肉羊"放牧+育肥补饲"50天经济效益分析

组别	50天增重（千克）	饲料投入（元/只）	增重收入（元/只）	纯收入（元/只）
试验组1	8.35	51.63	192.05	140.42
试验组2	6.85	43.31	157.55	114.24
对照组	6.23	0	143.29	143.29

表5-11　　　　肉羊"放牧+育肥补饲"69天经济效益分析

组别	69天增重（千克）	饲料投入（元/只）	增重收入（元/只）	纯收入（元/只）
试验组1	11.7	74.24	257.6	183.36
试验组2	10.1	60.16	232.3	172.14
对照组	9.3	0	213.9	213.9

注：羊活重当地市场价每公斤为23元。

第三节　肉羊营养标准化对"羔羊早期断奶"的实证分析

目前我国羔羊饲养多采用随母哺乳、3—4月龄断奶的传统养羊法，已经不能满足当前市场对羔羊肉的需求，因此有必要进行羔羊早期断奶的研究。断奶日龄是羔羊早期断奶技术成功与否的关键（Teke B. & Akdag F.，2012），本节利用中国农业科学院饲料研究所的试验数据，利用羔羊代乳品对草原牧区肉羊进行早期断奶，重点研究不同断奶日龄羔羊生长性能的变化，以此为草原肉羊羔羊早期断奶标准的制定提供理论依据，也为肉羊规模化养殖提供技术参数和生产指导。

一　试验背景与设计

1. 试验背景

传统的牧区肉羊养殖和周转与一年四季的季节变化密切相关，具有很大的依赖性，冬春两个季节是牧区家畜的生存和生长困难季节，牧区羔羊通常随母哺乳，哺乳时间可以在 4 个月左右，严重影响了羔羊本身的消化系统发育，也影响了母羊的再发情和繁殖。

本试验的目的在于利用现代的营养与饲料配制技术，让羔羊早期断母乳，进食羔羊专用代乳品，并直接育肥，缩短羊只从出生到出栏的时间，提高养殖效率，同时让母羊及早恢复体况，进入下一个繁殖周期，提高繁殖效率。

2. 试验设计

试验选取 90 只生长发育正常羔羊，分为 7 组，分别为 21 天断奶组（1 组、2 组、3 组）、35 天断奶组（4 组、5 组、6 组）和放牧组（对照组，随母哺乳不饲喂代乳料），每个早期断奶组各 10 只，对照组 30 只羔羊，依据预试验确定的各组采食量供给充足的代乳粉，6 组和放牧组不饲喂代乳粉。在代乳粉饲喂阶段各断奶组羔羊每天饲喂代乳粉三次，分别于 6 时、12 时和 18 时饲喂，草粉与开食料自由采食并供给充足清洁饮水，在育肥料饲喂阶段，各组羔羊自由采食育肥料和草粉并自由饮水。各组试验处理情况见表 5 – 12。

表 5 – 12　　　　　　　　　　试验分组及羔羊断奶饲喂情况

项目	分组情况						
	1	2	3	4	5	6	放牧组
羔羊数	10	10	10	10	10	10	30
断奶时间	21 d	21 d	21 d	35 d	35 d	35 d	不断奶

续表

项目	分组情况						放牧组
	1	2	3	4	5	6	
试验开始时间	5.8	5.8	5.8	5.8	5.8	5.8	5.1
5月8日—6月13日	代乳品 + 开食料 + 草粉						随母羊哺乳 + 放牧
6月14日—7月30日	育肥料 + 草粉						随母羊哺乳 + 放牧

二　羔羊断奶技术的经济效果评价

1. 不同断奶日龄对羔羊生长的影响

由表5－13可以分析得出，随着1—6组羔羊试验初始体重逐渐增加，在饲喂代乳粉阶段羔羊代乳粉采食量也相应增加，日增重在1—5组中随起始体重初始体重增加而增加，6组日增重高于1、2组而低于3、4、5组，说明试验的起始体重对羔羊生长性能具有影响。饲喂代乳粉阶段结束体重随初始体重增加而增加，但5组与6组体重差距缩小，这与代乳粉营养价值较高，促进了羔羊的生长发育，提高了羔羊的生长速度有关。

表5－13　　　　不同断奶日龄对羔羊生产性能的影响

试验项目		时间	分组					
			1	2	3	4	5	6
羔羊初始体重（千克）			4.5	5.7	8.3	9	13.5	16.6
代乳粉	代乳粉采食量（克/天）	5月	175	205	235	265.2	289.6	0
		6月	171	201	231	216.2	240.8	0
	日增重（克/天）	5月	195	212	274	313.9	335	245
		6月	301	332	303	300.9	364.6	328.5
	料肉比	5月	2.51	2.85	2.7	2.99	3.4	3.96
		6月	2.43	2.41	3.3	4.37	3.59	3.24
	结束体重（千克）		13.1	15.1	18	20.4	26.3	26.8

在育肥料饲喂阶段，育肥料的采食量随体重增加而增加（如表5－14所示）。6月和7月日增重最高的分别为4组和3组，而从料肉

比看，两个月均为 1 组最低。1—5 组羔羊试验结束体重随初始体重增加而增加，但 6 组羔羊试验结束体重低于 5 组，体现出代乳粉前期促进了机体生长发育，在羔羊育肥阶段依然发挥一定作用。

表 5-14　　　　　　不同断奶日龄育肥阶段对生产性能的影响

试验项目		时间	分组					
			1	2	3	4	5	6
羔羊初始体重（千克）			4.5	5.7	8.3	9	13.5	16.6
育肥料	育肥料采食量（克/天）	6 月	809.1	965.7	991.5	1 093.8	1133.2	1 045
		7 月	894.3	902.2	1 205.9	1 365	1 502.3	1 494
	日增重（克/天）	6 月	220	188.9	232.7	284.3	274.1	261.8
		7 月	242.3	203.3	269.6	251.5	260.7	250.7
	料肉比	6 月	3.97	5.54	4.63	4.34	4.67	4.63
		7 月	4.11	4.97	4.68	5.71	6.03	6.4
	结束体重（千克）		24.1	24.5	30	32.8	38.8	38.7

表 5-15 为放牧羔羊的生长情况，与早期断奶羔羊相比可知，对照组羔羊初始体重高于 1、2、3、4 组而低于 5、6 组，但试验阶段日增重均低于早期断奶各组。对照组在试验结束体重上仅高于 1、2 组而低于 3、4、5、6 组，这可能是由于母乳难以满足羔羊对营养的全面需要，营养受阻降低了其生长性能。

表 5-15　　　　　　　　　放牧羔羊生长情况

项目	放牧羔羊
初始体重（千克）	11.52
5 月日增重（克/天）	145.1
6 月日增重（克/天）	193.9
7 月日增重（克/天）	145.1
结束体重（千克）	26.2

2. 哺乳对母羊体重和发情的影响

哺乳对母羊的影响主要体现在体重和发情两个方面，表 5-16 显示了带羔与不带羔母羊体重变化和母羊在 8 月的发情情况。试验结果得出：从母羊增重情况比较分析，带羔母羊在哺乳的 3 个月里体重基本保持不变，而不带羔母羊体重增加了 6.33 千克，说明对羔羊实施早期断奶有利于母羊产后膘情的恢复。从母羊发情情况来说，不带羔母羊 8 月发情率（50%）要明显高于带羔母羊（32%），可见早期断奶对母羊提早发情从而进入下一个繁殖周期是有利的。

表 5 - 16   母羊体重和发情情况比较

放牧母羊	羊只数	5月1日起始体重（千克）	8月1日体重（千克）	3个月增重（千克）	8月发情率（%）
带羔母羊	34	52.61	53.52	0.91	32
不带羔母羊	10	48.89	55.22	6.33	50

3. 不同断奶日龄及处理对羔羊屠宰性能的影响

通过对表 5 - 17 试验数据分析，可以得出：不同断奶日龄的羔羊屠宰性能随屠宰前活重增加，胴体重、屠宰率也随之增加。而且试验组 3、试验组 4、试验组 5、试验组 6 的羔羊屠宰性能指标要明显高于放牧组，可见，羔羊早期断奶对于提高羔羊胴体重以及屠宰率具有正向影响。

表 5 - 17   不同断奶日龄对羔羊屠宰性能的影响

试验项目	分组				
	放牧组	3 组	4 组	5 组	6 组
羊只数	5	4	5	5	5
宰前活重（千克）	33.00	34.35	35.98	38.48	40.20
胴体重（千克）	14.46	15.74	17.98	19.34	20.96
屠宰率（%）	43.82	45.83	49.97	50.25	50.44

4. 早期断奶羔羊的经济效益评价

试验中对羔羊在饲养期间的增值和饲料花费情况（如表 5 - 18 所示），肉羊价格均按毛重 22.0 元/千克计算，代乳料、开食料、育肥料和草粉市场价格分别为 15.0 元/千克、3.5 元/千克、3.0 元/千克和 0.6 元/千克。由表 5 - 18 分析可知，试验组 1、2、3 组为 21 天早期断奶组饲料花费整体要低于试验组 4、5、6 组（35 天断奶）。而在21 天断奶的各组（1、2、3 组）中，随着断奶时体重的增加，饲料花费随之增加，盈利能力存在降低的趋势。同时，第 1 组在所有 6 组中由于断奶体重最低，饲料花费最低而盈利能力仅低于第 6 组。在 35 天断奶的各组（4、5、6 组）中，也存在与 21 天断奶组相似的趋势，但第 6 组没有饲喂代乳粉，饲料花费最低盈利能力最高，而且试验结果表明，代乳粉在羔羊 3 周后开始饲喂可以明显增加经济效益，而 5 周后断奶则建议直接饲喂开食料，不再饲喂代乳粉。由此可见，在不同断奶方式中，尽早断奶并饲喂代乳粉能提高肉羊养殖的经济效益。

放牧羔羊成本可以从草场占用面积计算，据估算，如果我国北方牧场的载畜能力约为 10 亩地养一只羊，赤峰当地草场租用价格为 4.5 元/亩，那么每只羔羊饲养成本为 45 元，放牧模式产生的生产成本远低于各断奶组。但在现有模式下，放牧饲养大量占有牧场，严重制约了单位土地生产值的提高，以现在牧民常规租用 4000 亩牧场为例，可饲养羊 400 只，如单纯放牧则羊群组成约为 180 只母羊和 220 只羔羊，一年净利润约为 13 万元，而采用本试验饲养模式 21 天断奶，则该牧场可最多饲养 400 只母羊，所生产羔羊通过早期断奶和直线育肥饲养，则净利润在 20 万元以上，同时由于提前分群饲养，也有利于降低肉羊养殖的管理难度。

表 5 - 18   早期断奶羔羊经济效益分析

项目	分组					
	1 组	2 组	3 组	4 组	5 组	6 组
平均总增重（千克）	19.84	18.91	22.82	24.07	25.52	22.37
肉羊只均增值（元）	436.52	415.91	502.1	529.65	561.47	492.2
代乳粉成本（元/只）	96.38	113.03	129.7	137.63	151.21	0
开食料成本（元/只）	43.07	51.41	69.24	96.69	109.96	121.3
育肥料成本（元/只）	124.43	133.16	162.7	182.73	197.51	192.2
草粉成本（元/只）	4.03	3.69	3.32	4.44	4.51	5.24
总饲料成本（元/只）	267.92	301.28	365	421.49	463.19	318.7
只均纯收入	168.6	114.63	137.2	108.16	98.28	173.5

本章小结

本章从饲料资源优化和效率提升的视角，对肉羊营养标准化在生产中的重要作用进行了分析，并以内蒙古杜蒙杂交羊"放牧 + 育肥补饲"和"羔羊早期断奶"使用代乳粉为例，验证了营养标准的经济效果。主要得出以下结论。

（1）肉羊营养标准在实际生产中具有十分重要的作用。一是优化饲草料资源，提高农副产品资源的利用率；二是根据肉羊营养需要，研制科学的饲料配方，提高饲料利用率，降低养殖成本；三是提高劳动效率，降低劳动强度，饲料营养的及时供给，提高了肉羊生产性能；四是通过饲料精粗比搭配、微量元素添加剂的使用以及采用科学的饲料加工方法，肉羊经济效益提升明显。

（2）肉羊营养需求标准不是一个固定的量，它因肉羊的不同品种不同生长阶段而有所差异。随着肉羊舍饲方式的转变，育肥补饲技术以及早期羔羊断奶逐步推广并在生产中得以应用。通过实证验证了营养标准的经济效果，主要从饲料采食量、平均日增重、精饲料转化效率、屠宰性能等指标反映了补饲标准所带来的不同效果。

（3）提供最为稀缺的营养要素，采取科学的饲养方式，能够显著地提高肉羊的生产和经济效益。针对目前随母哺乳传统养羊方式，利用羔羊代乳品对草原牧区肉羊进行早期断奶试验，试验结果现实，对羔羊早期断奶不仅对于哺乳母羊体重及发情性能有正面影响，而且利用代乳品进行断奶期营养供给，也能大大提高生长性能，经济效益增加明显。

第六章 基于规模经济的肉羊生产标准化绩效分析

农户是我国农业生产的主体，大范围地推行和实施标准化生产，调动农户参与的积极性是关键，具体到肉羊产业更是如此。实施标准化生产，以标准指导生产，提高羊肉产品质量，确保产品安全，势必要增加农户生产投入，提高生产成本。农户作为"理性经济人"，是否愿意实施标准化生产主要诱因是能否增加收益。标准化实施要以适度规模为基础，同时兼顾资源禀赋、生态环境以及市场需求等因素。当然标准化也有助于实现规模经济效应，在生产中能否实现，与成本弹性有关。本章从生产成本的角度，基于实地调研的微观数据，对肉羊产业标准化生产的绩效进行验证。

第一节 研究假设

肉羊产业生产环节的标准化，是促进科技成果转化，整合生产资源，优化生产管理，以提高羊肉产品质量和安全性，最终实现经济、社会和生态效益统一的关键环节。

在微观经济学分析中，经济理论都倾向于"经济人"的基本假设条件，即人是自利的，其经济活动的发生旨在追求自身利益的最大化。20世纪50年代，Simon对此研究假设条件进行了修正，提出了"有限理性经济人"假设，其核心的内容是：在有可选择的替代方案和明确效用函数的前提下，当事人能够按优先次序排列每个方案的可能结果。受主观能力和客观条件限制，人们往往是在"有限理性"条件下获得的"优化解决方案"。我们基于"有限理性经济人"的假设为研究前提，即农户参与标准化生产的行为是由其自身的需求与动机以及客观条件决定的，而需求与动机是由农户生产的经济目的诱发的。然而，实施标准化生产是一种风险投资，如果标准化的预期收益低于正常生存水平收入，农户就有规避风险的倾向（Arrow，1970），继而选择退出标准化生产是"条件限制"下的最优方案。

从微观生产视角来讲，标准化生产是以规模化经营为基础的。与欧美发达国家相比，我国农业标准化生产经营水平还比较低，标准化速度和效率有待提高。为此，多数学者建议，尽快改变以农户家庭小规模经营为主的现状，由分散生产到相对集中生产，提高农业生产的组织化、集约化程度，实现标准化的规模效应、降低交易成本等经济功能（于冷，2004；许庆，2011；钟真、孔祥智，2012）。正是受类似思路的影响，全国各地大力推进农业规模经营，并催生了相当数量的农业标准化示范园（场）等规模经营主体。具体到畜牧业，以肉羊产业为例，近些年各地普遍采取了"进园入区"、加入合作社等多种方式迅速提高肉羊产业生产的规模化程度。2011年，第一批农业部畜禽标准化示范场总共有475个，其中包括44个肉羊标准化示范场。①通过建设标准化肉羊养殖小区（场）和配置机械化饲喂设备，组织养殖环节的技术培训，大力推行标准化规模养殖模式。然而，实施标准化是需要付出成本的，从生产的角度看，只有当预期收益达到一定程度农户才愿意投资，如何调动农户进行标准化生产的积极性？单纯地扩大养殖规模是否能实现标准化的规模经济效应？能否增加农户的规模收益？本章试图基于微观事实对这些问题给出经济学解释。

第二节　数据来源与描述性分析

一　数据来源

1. 研究对象的现实条件

在畜牧业中，肉羊产业由于各地的饲草料资源、品种资源、自然环境、经济发展与科技水平的不同而呈现生产效率的区域差异（耿宁、李秉龙，2013）。因此，肉羊标准化规模养殖也需要因地制宜地

---

① 数据来源：农业部官方网站（http://www.moa.gov.cn/zwllm/zwdt/201105/t20110505_1986028.htm）。

发展。为了有效对农户的标准化生产绩效进行测算，在选取调研区域时，充分考虑了两个现实条件：一是调研对象所在区域应该有标准化生产的方式可供农户选择；二是在标准化养殖模式下，规模的大小取决于调研区域的资源禀赋，并且农业参与标准化生产能够代表自己的意愿。

2. 样本区域的选择

鉴于以上两个现实条件，我们选取山西省怀仁县为调研地区。根据农业部《肉羊优势区域布局规划（2008—2015）》的划分，山西省属于中东部农牧交错带优势区。近年来，山西省怀仁县采用"一村一品"、"专业合作社"、"大户领办"、"公司＋农户"等多种方式大力发展肉羊产业，并注册了"怀仁·羔羊肉"国家地理标志产品商标，珂泰、三利等8个羔羊肉系列产品通过无公害、绿色、有机认证。2013年，全县累计建成标准化养羊小区588个，年出栏1000只以上的规模养殖户249户，屠宰加工企业12家，其中怀仁县南小寨村，年出栏130万只，肉羊产值13亿元，人均养羊纯收入10.1万元，已成为全国闻名的养羊专业村。[①]

因此，所用数据来自课题组于2014年8月对山西怀仁县亲和乡、海北头乡、清河乡和新利乡四个乡镇中南小寨村等七个村的肉羊规模养殖户的随机抽样调查。此次调查共获得有效样本188户（场），[②] 其中园区化[③]短期育肥户122家，平均养殖规模945.6只，其中规模在500只以下的33家，规模在500只（含）以上的89家；家庭式养殖户66家，平均养殖规模241.5只。为了测算标准化规模效应，题项的设计主要依据《肉羊标准化规模养殖生产技术规范》和农业部《关于畜禽标准化规模养殖示范场的管理办法》，主要涵盖标准化养殖设施的建设情况、饲料营养的科学性、标准化管理、防疫情况、粪污处

---

① 数据来源：山西省农业厅网站（http://www.sxnyt.gov.cn/nytwzq/xzcs/jgj/sxgz/201406/t20140620_54956.shtml）。

② 根据国家统计局肉羊年出栏100只以上为规模养殖的标准，剔除了养殖规模在100只以下的样本。

③ 根据实际调研情况，园区化养殖主要有若干个养羊户在空间上集中但分户饲养的肉羊养殖小区和大户（私人）投资兴建的规模化肉羊养殖场两种形式。园区化养殖多为短期育肥户。家庭式散养多为自繁自养户。

理情况等选项，基本能反映该地区标准化养殖情况。

二　描述性分析

1. 调研对象的基本特征

从表 6-1 中可以看出，调研农户中男性比例为 54.3%，女性比例为 45.7%。而年龄主要集中在 36—50 岁之间，占有效样本的 48%，平均年龄为 44.1 岁，这一年龄段的农户一般具有较为丰富的养殖经验，能真实反映出所调查的问题选项。其次为 51—65 岁，这一年龄段的被调查者所占比例为 26.6%，平均年龄为 56.9 岁，这一群体由于年龄关系养羊的机会成本比较小。关于调研农户的受教育程度，初中及以下学历占到 92.5%，高中及以上仅为 7.5%，总体来说，92.5% 的农户接受了九年义务教育，文化程度达到基础水平，能够很好地接受标准化相关的技术和知识。从社会关系来说，仅有 10.1% 的被调查者家中有人当村干部或政府公务员，89.9% 的养羊户为普通农户，这也从另一方面说明我们所选取的调研对象能反映其参与标准化生产的真实意愿。养羊年限方面，63.3% 的农户养羊年限在 5 年以下，36.7% 的农户养羊年限在 6 年以上。即使养羊年限短，但 77.1% 的养羊户表示主要收入来自养羊。但是在组织程度方面，仅有 21.8% 的养羊户加入了专业合作社，绝大部分没有参加，这与当地养羊户多为园区化养羊有关。

表 6-1　　　　　　　农户参与标准化生产变量特征

特征		户数	比例（%）	均值	标准差
性别	男 =1	102	54.3	1.34	0.47
	女 =2	86	45.7		
年龄	35 岁以下	22	14.3	30.4	2.86
	36—50 岁	90	48	44.1	4.27
	51—65 岁	50	26.6	56.9	4.03
	65 岁以上	26	11	71.1	3.83
教育程度	小学及以下 =1	86	45.7	1.64	0.66
	初中 =2	88	46.8		
	高中/中专/职高/技校 =3	13	6.9		
	大学及以上 =4	1	0.6		

续表

特征		户数	比例（%）	均值	标准差
社会关系	村干部、政府公务员 = 1	19	10.1	1.96	0.24
	普通农民 = 2	169	89.9		
打工经历	有 = 1	54	28.7	1.71	0.45
	没有 = 2	134	71.3		
养羊年限	5 年（含）以下	119	63.3	3.19	1.22
	6—10 年（含）	48	25.5	7.61	1.65
	10 年以上	21	11.2	18	6.47
收入来源	养羊收入 = 1	145	77.1	1.12	0.36
	非养羊收入 = 2	43	22.9		
是否加入合作社	是 = 1	41	21.8	1.73	0.44
	否 = 2	147	78.2		

2. 农户标准化养殖情况

（1）养殖设施基本建设情况。为了考察调研区域标准化养殖设施建设情况，根据农业部《肉羊标准化规模养殖生产技术规范》① 设置了调研问卷题项。如图 6 - 1 所示，所选取的调研对象超过 60% 都已达到标准化养殖设施的基本要求，比如"远离主干道 500 米但运输方便"、"通风、向阳"、水电供应稳定、距离居民区至少 500 米、羊舍具有专用饲槽。可能由于"水源稳定、水质良好"，而自动饮水器装备相对普通农户成本较高，因此，羊舍中有自动饮水器的比例不到 10%。在实际调研中，有的"自繁自育"农户，虽然没有专用消毒池，但是普遍采用定期给羊舍进行喷洒消毒液（比如石灰乳或漂白粉溶液）进行消毒。另外，所调研的农户有多半是"短期育肥"户，因此，不会存有"母羊舍、羔羊舍、育成舍"，所以该题项在表中的比例也相对较低。从粪污处理设施来看，有 40% 以上的羊舍，已建有相对比较完善的排水排污设施。因此，从某种程度上来说，该区域的肉羊养殖已经接近于标准化设施建设基本要求。

（2）肉羊养殖情况。从养殖规模上来看，2013 年，园区化养羊

---

① 具体题项根据文件中的"肉羊标准化示范场验收评分标准"适当整理和调整而得。

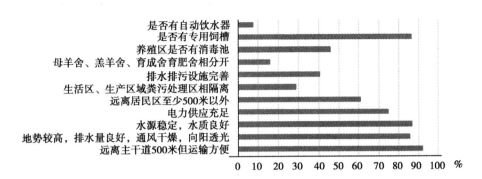

图 6 - 1　农户养殖设施情况

户的养殖规模约有 60.8% 集中在 1000 只 （及以下） （见图 6 - 2），①
平均规模为 945.6 只。而家庭式养羊户平均规模要小得多，并且规模
比例分布也比较分散，大约 65.6% 集中在 200 只 （及以下） （见图
6 - 3），平均规模为 241.5 只。

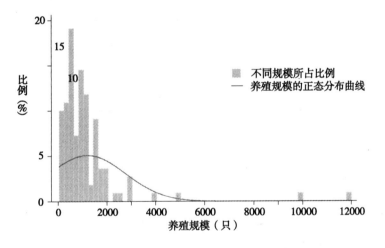

图 6 - 2　园区化养殖户养殖规模分布

　　从饲养品种来说，两种模式下养羊户饲养的品种，以小尾寒羊与
本地羊杂交的居多，所占比例达 34.6%，萨福克羊与本地羊杂交的品
种居于其次，占到 10.6%，而单纯饲养本地羊品种的最少，仅为
2.1%。另外，饲养其他品种，但也是以杂交为主的品种达到

---

　　① 资料来源：图中数据均由实际调研数据整理所得，以下如无特殊说明，图表数据均
来自调研数据。

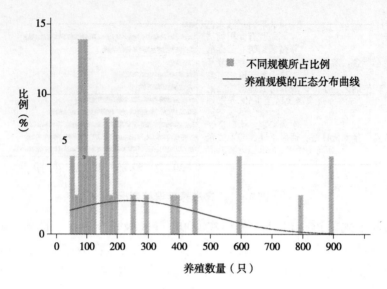

图 6 - 3　家庭式养殖户养殖规模分布

30.3%。总的来说，养羊户饲养品种以杂交羊为主（如表 6 - 2 所示）。

表 6 - 2　　　　　　　　　　肉羊饲养品种结构

比例	小尾寒羊	本地羊	萨福克羊与本地羊杂交	小尾寒羊与本地羊杂交	其他品种	没有回答
样本数	17	4	20	65	57	25
比例（%）	9.1	2.1	10.6	34.6	30.3	13.3

　　对于园区化养羊户来说，其肉羊经营方式是短期育肥，购买羔羊来源情况如图 6 - 4 所示。在实际调研中，购买的羔羊主要来源为农区（河北）、牧区（内蒙古），其中羔羊来源为农区、牧区的比例分别为 25.9% 和 6.3%，两者都有的比例为 67.8%，可见养羊户购买羔羊并不仅局限于一个地区。

　　从肉羊饲养时间来说，如图 6 - 5 所示，短期育肥户的集中育肥时间为四个月，即一年三次出栏。自繁自育户从羔羊出生到可作为商品羊出售的时间分布不等，其中饲养 7 个月以上时间所占比例最大，达到 40.4%，饲养 5—6 个月和 6—7 个月的比例分别为 25.5% 和 23.4%。而饲养 5 个月以下的应该是包含了出售羔羊的情形。

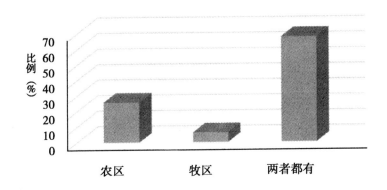

图 6 - 4　短期育肥户购买羔羊来源情况

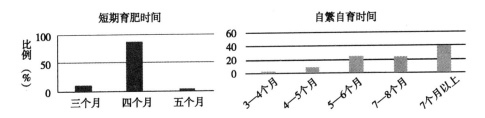

图 6 - 5　养羊户短期育肥与自繁自育时间统计情况

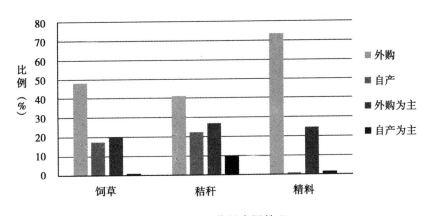

图 6 - 6　饲草料来源情况

3. 肉羊生产标准化管理情况

从饲草料来源来说，如图 6 - 6 所示，养羊户的饲草料来源主要以外购为主，其中饲草（以苜蓿为主）虽以外购为主，但自产的比例占到 17.2%。秸秆主要以玉米秸秆为主，自产的比例要大于饲草的比例，为 22.2%。而精饲料自产比例很小，可以忽略不计，几乎全部依靠市场购买。

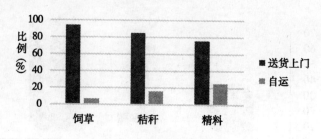

图6-7　饲草料获得方式

饲草料占据了养羊投入中较大的比例，而从图6-6中已经知道，饲草料以外购为主，如果运输半径较大的话，又额外增加了养羊户的饲养成本。但实际情况显示（见图6-7），养羊户的饲草料获得方式主要是送货上门，自运的比例较小。

从营养标准的使用情况来说，营养配方的科学使用也是养羊过程中缩短出栏周期、提高养殖效率和饲料转化率、增加经济效益的关键环节。通过实际调研得出，如图6-8所示，对肉羊育肥标准总体上来说完全不知道的养羊户所占比例较小，对营养标准完全知道、基本知道和知道一些的农户所占比例共计达到77.9%。可见，农户已经意识到营养在饲养过程中的重要性。

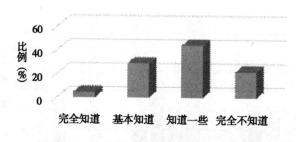

图6-8　养羊户对肉羊育肥标准知晓程度

另外，调查者一般都具有养羊经验，对于营养标准所达到的效果，都可以量化，比如以肉羊的日增重来衡量育肥效果。如图6-9所示，肉羊育肥的平均日增重多数集中于150—250克之间，所占比例为81.9%。育肥效果较为明显的养羊户，即肉羊平均日增重在250克以上的，占所有被调查者的10.3%。育肥效果不明显的，即平均日增重在150克以下的养羊户所占比例仅为7.8%。

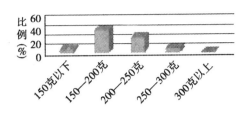

图 6 – 9　肉羊日增重情况

从肉羊制度化管理来说，如图 6 – 10 所示，80% 以上的养羊户都建有防疫档案，对饲养的肉羊进行定期防疫。对肉羊饲养来说，疫病影响所造成的死亡率很大，养羊户进行定期防疫，并形成防疫制度化，能够很大程度上降低死亡率和确保羊肉质量，并且在买羊时索要动物检疫合格证明的养羊户占比为 56.5%。由于所调查的养羊户一半以上为短期育肥户，因此建有养殖档案的比例相对建有防疫档案的比例要小，仅为 28.6%。但是 43.4% 的养羊户都参加过肉羊养殖技术培训。

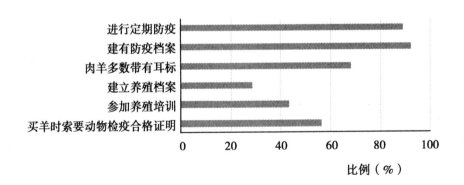

图 6 – 10　肉羊养殖的管理情况

4. 肉羊销售情况

图 6 – 11 显示，养羊户肉羊销售的主要方式是卖给屠宰场。根据实际调研情况，养羊户直接卖给屠宰场，原因可能是可以卖上高价，村里就有大型屠宰场，比较方便销售。养羊户统一屠宰、统一销售给屠宰加工厂，提高了肉羊养殖的组织化程度，解决了一家一户买难卖难的问题，从而产生了肉羊养殖的规模效益。

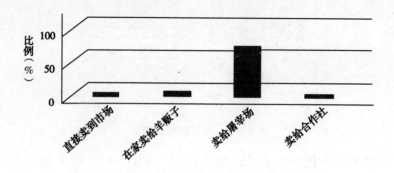

图 6 - 11　肉羊销售的主要方式

第三节　农户标准化生产的绩效分析

衡量农户标准化生产的绩效，除了用货币计算的收入外，还表现为产出的增加、规模效益的提高、单位成本或交易费用的降低、劳动生产率的提高等方面。本节根据调研的实际情况，主要从农户投入产出角度，对标准化的规模经济效应进行验证，以佐证理论分析的结论。

一　模型选择

标准经济学以及网络外部性的相关理论基础为研究"标准化生产与规模效益"的问题提供一定的理论指导和方法的借鉴。事实上，农业标准化的发展最终依然要依靠以家庭经营为主的农户，而农户作为"有限理性经济人"，决定其进行标准化生产的动力在于是否能从标准化规模生产中获取规模收益。因此，基于微观数据，引入成本函数进而估计成本弹性，来具体考察标准化规模经济问题。

根据实地调研情况，调研对象为山西省怀仁县的标准化规模养羊户，并且养羊户与当地屠宰加工企业相联合，售羊的价格是被动接受的。因此，可以假定价格为外生的。其成本函数的简约形式（Reduced - form）为：

$$C = C(Q, P) \tag{6-1}$$

式（6-1）中，C 为养羊总成本，Q 为养殖规模，P 为各投入要素的价格向量。假定 P 包括了土地（P_1）、劳动（P_2）和资本（P_3）

三种要素，成本函数的模型设定形式采用 Translog 函数形式，因其相对于 C – D 函数形式有更为灵活的产出对成本的弹性系数，在实际研究中应用较为广泛。具体的表达形式为：

$$\ln C = \alpha_0 + \sum_i \alpha_i \ln P_i + \frac{1}{2}\left(\sum_i \sum_j \alpha_{ij}\ln P_i \ln P_j\right) + \gamma \qquad (6-2)$$

依据泰勒展开式，可以得到以下二阶逼近式：

$$\ln C = \alpha_0 + \alpha_q \ln Q + \frac{1}{2}\alpha_{qq}(\ln Q)^2 + \alpha_{q1}\ln Q \ln P_1 + \alpha_{q2}\ln Q \ln P_2 +$$

$$\alpha_{q3}\ln Q \ln P_3 + \beta_1 \ln P_1 + \frac{1}{2}\beta_{11}(\ln P_1)^2 + \beta_{12}\ln P_1 \ln P_2 +$$

$$\beta_{13}\ln P_1 \ln P_3 + \beta_2 \ln P_2 + \frac{1}{2}\beta_{22}(\ln P_2)^2 + \beta_{23}\ln P_2 \ln P_3 + \beta_3 \ln P_3$$

$$+ \frac{1}{2}\beta_{33}(\ln P_3)^2 \qquad (6-3)$$

运用谢泼德引理（Shephard Lemma），可以对式（6 – 3）中的各要素进行一阶偏微分，其中对产量（规模）进行一阶偏微分，便得到标准化规模户的成本弹性表达式：

$$E_q = \frac{\partial \ln C}{\partial \ln Q} = \alpha_q + \alpha_{qq}\ln Q + \alpha_{q1}\ln P_1 + \alpha_{q2}\ln P_2 + \alpha_{q3}\ln P_3$$

$$(6-4)$$

式（6 – 4）中，E_q 表示农户产量（养殖规模）变动 1% 对总成本的影响。当 E_q 大于 1 时，表示产量（养殖规模）变动 1% 引起总成本大于 1% 的变化，此时，农户处于规模不经济的状态；当 E_q 小于 1 时，表示产量（养殖规模）变动 1% 引起总成本小于 1% 的变化，此时，农户处于规模经济的状态；当 E_q 等于 1 时，表示产量（养殖规模）变动 1% 引起总成本 1% 的变化，此时，农户处于规模经济和规模不经济的临界点。

首先对式（6 – 3）进行回归估计，然后将获得的相关参数估计值代入式（6 – 4），最终可以获得不同生产方式和养殖规模的成本弹性的测算结果。

二　变量设置与说明

严格地讲，肉羊养殖是一个特殊的生产过程，其投入与产出形式与种植业有较大差异，而且短期育肥户和自繁自育户在生产要素投入方面也存在不同。因而，本书在主要变量设置方面做了如下调整。

1. 产出变量

从前面章节的分析中，可以知道，调研对象的肉羊经营模式分为两种：园区化养殖和家庭式养殖，而且农户的养羊收入主要取决于每年的饲养量，因此，用年饲养量（Q）作为产出的替代变量。由于园区化养殖主要是短期育肥户，平均育肥周期 4 个月，一年出栏 3 次，因此 Q 代表的是年出栏总量；而家庭式养殖主要是自繁自养户，饲喂周期比较长，其年饲养量 Q 用年存栏总量来表示。

2. 投入成本变量

在成本函数中，可变成本一般等于数量与投入要素价格的乘积。在本书中，养羊户饲养量已经明确知道，所以成本的计算主要考察的变量为各种投入成本的价格。

（1）可变投入成本。可变投入成本主要包括两类成本，即饲料成本和劳动力成本。

饲料成本。由于各种可变成本，如防疫费、水电费、医疗费等指标很难统一为一个价格指标，并且这些指标所占比重较小，故用饲料成本价格 P_l 做近似替代，通过粗饲料、精饲料和牧草数量所占比为权重，[①] 加权相乘各种饲草料的价格，计算得到最后的平均饲料成本价格。

劳动力成本。根据实际调研与当地经济发展情况，养羊业是调研区域的主业，雇工养羊的比例不到 1%，并且由于传统观念和养羊习惯的原因，农户绝大多数是自我雇佣，因此本书不将劳动力价格纳入考察范围。

（2）固定投入成本。各种固定成本如羊舍、青贮窖、粉碎机等专用性资产数量级差异很大，本书将其折旧费求和"分摊"到每只羊身上，用 P_k 表示，单位为元/（只羊·年）。特别强调的是，家庭式养羊户多是自繁自育户，其基础母羊是主要的固定资产，因此，在计算家庭式养殖的 P_k 时，将基础母羊的折旧费用纳入其中。另外，关于羊

---

① 在市场上购买饲料量容易计算，但是考虑到自产饲料（如玉米秸秆、葵花子皮、苜蓿草等），尤其是家庭式养殖下，自产饲料的占比较大，其投入成本不易计算，但是根据每只羊的平均饲料用量，将其自产饲料的部分折算成数量值，也纳入考虑。

舍租金。为了减少模型中自由度损失，本书将园区化养殖中羊舍租金纳入到固定成本中进行折算，不再单列该变量。在家庭式养殖中，羊舍基本上都坐落于自家院落中，不存在土地使（租）用的问题，所以在模型中也不予考虑。

3. 控制变量

为了确保估计结果更为准确，本书在模型中加入了"养羊年限"（year）、"对营养配方标准的知晓程度"（recipe）、"是否参加标准化养殖技术培训"（train）和"是否进行定期防疫"（prevention）4 个控制变量，进一步缓解因遗漏这些变量而产生的高估或低估成本弹性的影响。

上述所有变量特征分析见表 6-3。

表 6-3　　　　　　　　主要变量的描述性统计特征及差异

变量	简称	园区化养殖		家庭式养殖		均值差异的 T 检验 $(H_0: A-B=0)$	
		均值 A	标准差	均值 B	标准差	T 值	P 值
每户（场）年均总成本	C	742663	85827	59366	7135	4.69 ***	0.0000
年饲养量（只）	Q	945.6	547	241.5	172	4.16 ***	0.0001
饲料成本价格（元/公斤）	P_f	2.78	0.74	2.98	1.1	-1.66 ***	0.0991
固定成本价格（元/只）	P_k	30.1	22.4	61.4	73.6	-3.61 ***	0.0004
仔羊价格（元/只）	P_b	556.2	57.8				
养羊年限	year	4.55	3.27	7.23	4.62	-3.54 ***	0.0005
对营养标准的知晓程度	recipe	2.68	0.76	3.22	0.83	-3.89 ***	0.0001
是否参加养殖技术培训	train	0.45	0.32	0.2	0.41	2.84 ***	0.0051
是否进行定期防疫	prevention	0.92	0.27	0.95	0.21	-0.78	0.4319

注：＊＊＊表示在 1% 水平上统计显著。

通过对主要变量的描述性统计分析，可以知道，园区化养殖和家庭式养殖两种模式下的总成本和养殖规模在统计上是有明显差异的。从要素投入来看，园区化养殖和家庭式养殖的饲料成本均价和固定成本均价存在明显差异，从投入指标的绝对值上进行比较，园区化养殖模式要低于家庭式养殖成本，并且都在 1% 水平上通过了 T 检验。尽管"是否进行定期防疫"指标并没有显著差异，但是能代表养羊经验的"养羊年限"，家庭式养殖反而显著地高于园区化养殖，这或许从园区化养殖模式兴起时间短，"老"养羊户不愿意改变养殖方式来解释。此外，"是否接受养殖技术培训"和"对营养标准的知晓程度"两项生产性指标，在园区化养殖模式下更为显著，这对进一步验证标准化的规模经济优势是有说服力的。

三　农户标准化生产的规模经济效应测算

1. 估计结果分析

在进行回归之前，先对进入模型的自变量进行了一个相关分析，对自变量之间可能存在的共线性问题进行检验。然而，利用方差膨胀因子（VIF）和容忍度（TOL）进行验证的结果表明，两种养殖方式下的各个自变量平均方差膨胀因子分别为 1.16 和 1.38，并且各自变量中最大的 VIF 值也仅为 1.66，其 TOL 值最低也达到了 0.602。因此，可以判断该模型中多重共线性问题并不严重，模型仍处于可以接受的范围内（见表 6 - 4）。

表 6 - 4　　　　　各自变量方差膨胀因子和容忍度测算结果

园区化养殖			家庭式养殖		
变量	VIF	TOL（1/VIF）	变量	VIF	TOL（1/VIF）
Q	1.33	0.75	recipe	1.66	0.602
recipe	1.18	0.845	Q	1.53	0.653
P_f	1.18	0.847	train	1.42	0.703
P_k	1.17	0.854	year	1.32	0.756
train	1.13	0.884	prevention	1.31	0.762
P_b	1.09	0.917	P_f	1.29	0.774
year	1.09	0.921	P_k	1.14	0.88
prevention	1.08	0.93			
Mean VIF	1.16		Mean VIF	1.38	

本书利用 Stata12.0 软件对总成本方程即式（6 - 3）进行估计。为了考察不同养殖方式下的标准化规模经济效应，即成本弹性，本书将对园区化养殖场（户）和家庭式养殖户的样本数据分别进行估计，结果见表 6 - 5。

表 6 – 5 农户标准化生产的成本函数估计结果

园区化养殖				家庭式养殖			
解释变量	系数	系数估计值	P 值	解释变量	系数	系数估计值	P 值
$\ln Q$	α_q	– 0.26	0.015	$\ln Q$	α_q	2.41	0.067
$\ln P_f$	β_f	– 13.97	0.052	$\ln P_f$	β_f	– 1.44	0.654
$\ln P_k$	β_k	0.66	0.099	$\ln P_k$	β_k	0.63	0.092
$\ln P_b$	β_b	– 3.15	0.932	$\ln Q \ln Q$	α_{qq}	– 0.22	0.263
$\ln Q \ln Q$	α_{qq}	– 0.1	0.151	$\ln Q \ln P_f$	α_{qf}	– 0.40	0.034
$\ln Q \ln P_f$	α_{qf}	0.42	0.009	$\ln Q \ln P_k$	α_{qk}	0.15	0.225
$\ln Q \ln P_k$	α_{qk}	– 0.04	0.039	$\ln P_f \ln P_f$	β_{ff}	– 1.21	0.006
$\ln Q \ln P_b$	α_{qb}	0.35	0.573	$\ln P_f \ln P_k$	β_{fk}	0.09	0.108
$\ln P_f \ln P_f$	β_{ff}	0.52	0.131	$\ln P_k \ln P_k$	β_{kk}	0.13	0.123
$\ln P_f \ln P_k$	β_{fk}	– 0.3	0.046	$year$	γ_1	– 0.03	0.059
$\ln P_f \ln P_b$	β_{fb}	2.75	0.014	$recipe$	γ_2	– 0.26	0.164
$\ln P_k \ln P_k$	β_{kk}	0.15	0.101	$train$	γ_3	– 0.37	0.274
$\ln P_k \ln P_b$	β_{kb}	– 0.17	0.834	$prevention$	γ_4	– 0.76	0.08
$\ln P_b \ln P_b$	β_{bb}	– 0.19	0.973	常数	α_0	2.12	0.007
$year$	γ_1	– 0.003	0.65				
$recipe$	γ_2	– 0.004	0.024				
$train$	γ_3	0.15	0.236				
$prevention$	γ_4	– 0.14	0.036				
常数	α_0	25.88	0.084				
样本量	122			样本量	66		
F 值	45.99（0.0000）			F 值	26.53（0.000）		
R^2	0.901			R^2	0.877		

为了避免截面数据异方差现象导致的测算结果有偏，针对两种模型回归后的结果，分别进行了 BP（Breusch and Pagan）检验。结果表明，园区化养殖模式异方差检验的 P 值为 0.9917，故强烈拒绝同方差的原假设。而家庭式养殖模式异方差 BP 检验的 P 值为 0.0112，表明存在异方差现象，因此对模型的回归数据进行"robust"稳健标准误处理，得到以上结果。从以上两个模型中关键变量的系数估计结果可以得出：与成本相关的变量中，$\ln Q$、$\ln P_f$ 和 $\ln P_k$ 的系数符号基本都符合理论逻辑，且除了家庭式养殖 $\ln P_f$ 未通过显著性检验，其余均通过显著性检验。其中，对园区化养殖来说，$\ln Q$ 的系数值为负，表明养殖规模越大成本反而越小；而对于 $\ln P_f$，其系数值均为负，而 $\ln P_k$ 的

系数值为正。在 $\ln Q$ 与各生产要素投入的价格向量（P_f、P_k 和 P_b）的交互项中，仅 $\ln Q \ln P_f$ 的在两种模式下都显著，且其系数符号也与理论逻辑相一致，其余均未通过显著性检验。在控制变量中，"养殖年限（$year$）"和"是否进行定期防疫（$prevention$）"在两个模型中系数符号一致，也都通过了显著性检验。"对营养标准配方的知晓程度（$recipe$）"在园区化养殖模式中较为显著，也凸显了饲料配方在标准化养殖中的重要性。

2. 规模经济效应的测算与分析

根据以上成本函数的估计结果，结合式（6-4）可以进一步得到农户标准化规模养殖的成本弹性值（见表6-6）。通过两种方式的对比可以发现：园区化养殖整体上是规模经济的，成本弹性值为0.9235，表明规模每扩大1%，所付出的成本仅需提高0.92%，养羊户通过规模的扩张可以取得相对较高的规模效益。而对于家庭式养殖，从成本弹性的计算值得出，目前养羊户处于规模不经济阶段。

表6-6　　　　　　　　两种方式下的成本弹性均值

	园区化养殖	家庭式养殖
成本弹性值	0.9235	1.2836

之所以会得出以上回归结果和成本弹性值的测算结果，原因主要包括以下方面。

一是对于 $\ln Q$ 的系数值 α_q 的符号而言，在园区化养殖模式下，其符号为负；在家庭式养殖模式中，其符号为正，这与理论分析的逻辑是一致的，正是因为园区化养殖模式正处于规模经济阶段，因此，规模扩张带来了成本下降。对家庭式养殖模式正好相反。

二是对于 $\ln Q \ln P_f$ 的系数值 α_{qf} 而言，在家庭式养殖模式下，当饲料价格上涨的时候，为了节约养殖成本，可能更多的是自家种植牧草或玉米秸秆，而在样本统计中将自产饲料的成本用实际购买饲料的价格进行折算，总体上高估了饲料成本价格，因此出现 α_{qf} 为负的情况。相反，在园区化养殖模式下，大多数的饲料属于外购，饲料价格的上涨势必会使养殖户的边际成本提高，因此 α_{qf} 的符号与理论预期是相符的。

三是对于 $\ln Q \ln P_k$ 的系数值 α_{qk} 而言，单位固定资产的投入不仅体现了养羊户的投资水平，也体现了固定资产的折旧速度。但在实际统计中，园区化养殖的固定成本主要包含了标准化羊圈的年租用费用，如果租用费用不变，扩大规模，"分摊"到每只羊身上的固定资产折旧费用是降低的，这与园区化养殖的"规模经济"理论是一致的。而家庭式养殖因为主要是基础母羊的购买费用和羊舍建制的折旧费，虽然符号为正，但未通过显著性检验。

四是对于控制变量的系数值的符号而言，在园区化养殖中，"养羊年限（year）"、"营养标准的使用（recipe）"和"定期防疫（prevention）"已经对养殖过程中成本的降低做出显著贡献，这也说明养羊户已经意识到标准化养殖所带来的直接正效应。同时，在家庭式养殖中，"养羊年限"和"定期防疫"也通过显著性检验，但是由于养殖习惯的原因，似乎对于"饲料配方"的使用很难更改，这也可能是导致"营养标准（recipe）"在模型中不显著的原因。

总之，实证结果表明，在所调研地区推行肉羊标准化生产，所产生的规模经济效应在园区化养殖模式中体现得较为突出，而在家庭式养殖模式中，并未实现真正意义的规模经济。因此，从宏观经济角度来看，国家推行肉羊产业标准化的发展，选择一种合适的形式，才能充分发挥标准化的经济功能。

本章小结

本章通过构建标准化养殖户的成本函数并估算其成本弹性，基于标准经济学中生产者理论视角，对肉羊产业标准化发展能否实现标准化的规模经济效应进行了实证分析并得出以下结论。

（1）肉羊产业标准化、产业化、品牌化协同发展。本书所选取调研区域，肉羊养殖的主要方式为园区化短期育肥，同时采用了"一村一品"、"专业合作社"、"大户领办"、"公司＋农户"等多种方式大力发展肉羊产业，和当地屠宰加工企业相联合，实现了产业化发展，这也是推进当地实行标准化养殖的前提。另外，以品牌化提升标准化发展，山西省怀仁县注册了"怀仁·羔羊肉"国家地理标志产品商标，珂泰、三利等8个羔羊肉系列产品通过无公害农产品、绿色食品、有机食品认证。品牌的建立推动了标准化养羊小区、规模养殖户的发展，其中，本书所调研的南小寨村已成为全国闻名的养羊专业村。

（2）肉羊标准化养殖在局部地区获得了较快发展。通过对农户标准化养殖情况的描述性分析，可以发现，从养殖规模上来看，园区化养殖规模平均为945.6只，要普遍高于家庭式养殖规模（241.5只）。从被调研对象的基本特征分析来看，养羊户的年龄、受教育程度等指标能较好地反映参与标准化养殖的意识与意愿，其中调研对象年龄主要集中于36—50岁，而45%的农户接受了九年义务教育，文化程度达到基础水平，能够很好地接受标准化相关的技术和知识。89.9%的养羊户为普通农户，这也从另一方面说明我们所选取的调研对象能反映其参与标准化生产的真实意愿。从标准化养殖情况来看，由于调研问卷是根据农业部《肉羊标准化规模养殖生产技术规范》设置了题项，通过统计分析，该调研区域的肉羊养殖已经接近于标准化设施建设基本要求。对于肉羊养殖的饲草料来源，主要以外购为主，其中饲草（以苜蓿为主）虽以外购为主，但自产的比例占到17.2%。秸秆主要以玉米秸秆为主，自产的比例要大于饲草的比例，为22.2%。而精饲料几乎全部依靠市场购买。而且养羊户已经意识到营养在饲养过程中的重要性，为了提高养殖收益，80%以上的养羊户都建有防疫档案，对饲养的肉羊进行定期防疫，能够很大程度上降低死亡率和确保羊肉质量。从肉羊销售情况来说，养羊户肉羊销售的主要方式是卖给村里的屠宰场。养羊户统一屠宰、统一销售给屠宰加工厂，提高了肉羊养殖的组织化程度，节约了肉羊销售的运输成本，从而产生了肉羊养殖的规模效益。

（3）肉羊标准化养殖的绩效突出。通过建立超对数成本函数模型，对园区化养殖和家庭式养殖模式分别进行估算，在两种模式下，总成本和养殖规模在统计上是有明显差异的，并且园区化养殖模式在饲料成本、固定成本、进行定期防疫、接受养殖技术培训、对营养标准知晓程度指标上要显著于家庭式养殖模式。当然，这对进一步验证标准化的规模经济优势是有说服力的。通过对成本弹性进行计算得出，虽然园区化养殖模式目前处于规模经济递增阶段，但是成本弹性已经达到0.9235，接近规模不经济的临界点。如果继续扩大规模，不仅面临市场风险，而且还面临疫病风险。由于肉羊跨区调运而导致的疫病风险，在实际调研中已经出现。因此，"进区入园"方式，虽可以有效降低农户的生产风险，调动农户的生产积极性，但是也需要以适度规模为前提。

第七章　基于提质与增效的肉羊屠宰
加工标准化绩效分析

　　肉羊屠宰加工环节是产业链的终端环节，直接联系市场和消费者，通常分为屠宰与分割、加工与包装两个阶段，其标准化措施一般包括原料肉标准化、加工条件标准化、加工工艺标准化以及产品包装标准化。肉羊屠宰是羊肉生产极为关键的环节，屠宰过程是生产中获得羊肉的一种加工和处理方法，不同的宰前管理、屠宰条件以及屠宰方式都会对羊肉品质产生较大影响。而加工过程主要是对羊肉产品及羊的副产物进行深加工，该环节能给加工企业带来良好的经济效益。针对目前我国肉羊屠宰加工业的发展现状与存在问题，如何推进肉羊屠宰加工环节的标准化，哪些因素影响标准化的推进，如何实现标准化的提质增效，本章将对以上问题作出解答。

第一节　我国肉羊屠宰与加工业的发展现状分析

　　随着羊肉及其制品消费量的逐年增加以及参与国际市场竞争的需要，肉羊屠宰与加工业作为肉羊产业的下游产业，具有很大的发展空间及潜力，并逐渐被企业或经济组织所重视，成为肉羊产业链上的一个黄金产业。

一　集中度逐步提高，肉羊主产区居多

　　我国虽然是肉羊生产大国，但不是屠宰加工强国。羊肉产品多以冷鲜肉或热鲜肉为主，小规模屠宰加工企业为主体（见表7－1和图7－1）。然而，随着《食品安全法》的出台以及一些食品安全标准的制定与实施，肉羊屠宰加工企业的主体资格、生产经营行为以及生产条件和环境得到保障和规范，产品质量得到提升，企业效益增加明

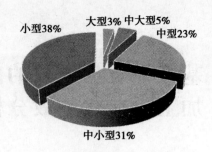

图 7 – 1　我国肉羊屠宰企业规模情况

显，随着规模化、集团化企业的扩张，一些小型屠宰加工企业逐渐被淘汰或被兼并，规模型屠宰加工企业逐步增多。其中，年屠宰能力在 10 万只以上的屠宰加工企业前 20 强统计情况如表 7 – 2 所示。

表 7 – 1　　　　　　　　屠宰加工企业类型划分情况

类型	总资产
大型	1 亿元以上
中大型	5000 万—1 亿元
中型	3000 万—5000 万元
中小型	1000 万—3000 万元
小型	1000 万元以下

资料来源：中国肉类协会。

从表 7 – 2 可以看出，我国规模型屠宰加工企业集中化发展趋势明显，大中型屠宰加工企业集中度比较高，主要集中在内蒙古（8 家）、山东（3 家）、宁夏（2 家）、新疆（1 家）等肉羊主产区。而且在肉羊加工方面，随着市场需求的增加和羊肉价格的不断上涨，会吸引大量的投资者加入，有利于吸引更多的人才、技术与资金来发展肉羊产业。

表 7 – 2　　　　　　我国大中型规模肉羊屠宰加工企业统计

序号	企业名称	所属地区	成立年份
1	内蒙古小肥羊肉羊有限公司	内蒙古	2004
2	内蒙古草原兴发食品有限公司	内蒙古	2007
3	中汇牛羊肉产业集团有限公司	甘肃	1998
4	青岛波尔旺肉羊股份有限公司	山东	2003
5	宁夏涝河桥清真肉食品有限公司	宁夏	2003

续表

序号	企业名称	所属地区	成立年份
6	黑龙江大庄园集团	黑龙江	1982
7	内蒙古小尾羊餐饮连锁股份有限公司	内蒙古	2001
8	上海元盛食品有限公司	上海	1995
9	内蒙古苏尼特肉业有限公司	内蒙古	1958
10	内蒙古林西锦绣大地农业有限责任公司	内蒙古	2004
11	乌珠穆沁羊业（集团）有限公司	内蒙古	2008
12	山东凯银集团	山东	1998
13	蒙羊牧业股份有限公司	内蒙古	2012
14	山东得利斯集团	山东	1986
15	宁夏农垦贺兰山清真肉羊产业集团	宁夏	2011
16	阜新关东肉业有限公司	辽宁	2005
17	新疆伊犁巴口香实业有限责任公司	新疆	2003
18	徐州澳华食品有限公司	江苏	2007
19	淇县众发肉羊食品开发有限公司	河南	2004
20	内蒙古锡林郭勒盟长宏肉业有限责任公司	内蒙古	2007

资料来源：中国肉羊网（http://www.chinasheep.cn/s_index_2.htm）。

二　屠宰加工技术不断创新，产品质量改善明显

随着消费需求的多样性和便捷性，我国屠宰加工企业通过国家支持、产学研结合以及企业自主研发不断进行技术创新，生产出更多、更合理的符合消费需求的产品。比如现在多数企业引进国外先进自动化屠宰加工生产线（如图7－2所示），替代了传统的倒挂式手工屠宰工艺流程，并且多数企业还通过 HACCP 等质量管理体系认证，使得生产条件和卫生环境达到国际领先水平，所生产的产品达到国际食品安全标准要求，不仅提高了劳动效率，而且保障了羊肉产品卫生质量。

在加工技术方面，多数大型企业已建立比较完备的技术体系（如表7－3所示），并且这些技术都是目前国内外普遍研究并应用的加工技术。对羊肉初加工产品而言，冷却羊肉凭其品质优良、安全性高等特性深受消费者喜爱，冷却分割羊肉逐步成为肉羊加工业发展趋势，同时与之相配套的保鲜及冷链物流技术不断升级。在保持原有风味的

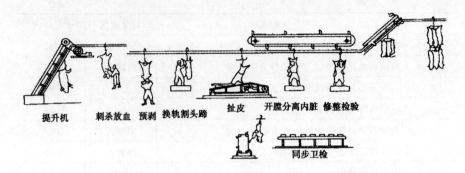

提升机　　刺杀放血　预剥　换轨割头蹄　　　扯皮　　开膛分离内脏　修整检验

同步卫检

图 7 - 2　我国肉羊自动化屠宰加工生产线示意

基础上，冷链物流可以短期内抑制微生物繁殖，减少羊肉腐败变质，延长其保鲜时间，提高其产品的品质。比如中国农业科学院农产品加工研究所创新的羊肉零度濒温技术，将羊肉保质期最长延长至 21 天，从而大大提高了我国羊肉保鲜质量水平。同时，随着肉羊屠宰分割、无损分级、副产品开发等方面的技术创新与升级，各种羊肉深加工产品不断改进，像羊肉火腿、羊肉香肠、羊肉罐头、发酵肉等西式产品逐步在消费市场上占有一定比例，丰富了羊肉产品结构。

表 7 - 3　　　　　　　　　　主要肉羊屠宰加工技术

加工技术	主要方法
羊肉脱膻	物理化学脱膻法、微生物脱膻法
羊肉嫩化	酶解嫩化技术、超声波或超高压嫩化技术
羊肉保藏	冷链保鲜技术
羊肉加工	超微粉碎技术、滚揉腌制技术、软包装（罐头）技术
现代生物工程	酶工程技术、细胞工程防腐技术

三　行业效益不断增加，企业标准化、品牌化发展

在激烈的市场竞争中，企业通过产品差异化、品质优良等特性来增加市场份额。通过创建品牌，传递产品质量安全信息，获得消费者品牌信任。事实表明，消费者对品牌产品的接受度随着品牌信任度的提高而提高（夏晓平，2011）。根据内蒙古蒙都、蒙羊、小尾羊等企业的实地调研发现，这些大型屠宰加工企业都制定了严格的企业内部标准，对传统加工作坊进行标准化加工改造，羊肉制品按照标准化的

生产加工模式进行工业化生产，大大提高了产品质量，增加了羊肉产品的附加值。据调查显示，截至2014年12月，中国最受消费者喜爱的羊肉品牌位居前10名的分别是：小肥羊、草原兴发、苏尼特羊肉、波尔旺羊肉、涝河桥羊肉、小尾羊、金福来、草原宏宝、淇美羊肉、宏发羊肉。[①] 这些品牌羊肉一直占据较大的市场份额，企业通过标准化带动品牌化，以品牌化提升企业效益。比如内蒙古蒙都羊业食品有限公司，通过牵手当红影视明星王珞丹，启动品牌升级战略，在"蒙都＆王珞丹爱心慈善基金"启动会上，展示了"冻品和熟食"两大系列产品，包括西式分割、高端部位、火锅涮品、带骨产品、家庭装、礼品套装等。启动会后，来自全国各地的经销商踊跃订货，蒙都企业签订了近亿元的订货协议，为蒙都品牌当年的市场份额增长写下有力的一笔。

四　肉羊屠宰加工标准化体系仍需进一步完善

近年来，肉品质量安全问题一直打击着广大消费者的消费信心，而且我国羊肉产品质量水平低下也是制约我国羊肉产品对外贸易的关键因素之一。虽然我国先后出台多项规章制度和国家标准、行业标准来约束和规范我国畜牧业屠宰加工业，但是相比于其他畜禽品种，有关羊肉加工标准体系依然不完善，基础标准、质量安全标准缺乏，即使有些大型企业已经制定严格的企业标准，但仅仅局限于本企业范围内执行和实施，对区域屠宰加工业的标准化提升作用有限。羊肉加工无标准可依，势必会造成国际市场竞争力弱，无市场优势可言。2012年12月，全国屠宰加工标准化技术委员会（编号SAC/TC516）成立，主要负责畜禽屠宰及加工技术、品质检验、屠宰加工工艺设计、屠宰及肉制品加工设备、非食用产品处理等领域的国家标准制修订工作，它标志着我国屠宰加工行业逐步进入标准化、专业化的发展轨道。目前，与肉羊有关的屠宰加工标准如表7-4所示，虽然畜类屠宰加工标准逐步丰富，但是设计肉羊屠宰的操作规范、羊肉制品等相关产品标准缺乏，产品的品质得不到保障，在一定程度上仍然制约着肉羊屠宰加工业的发展。

---

① 数据来源：中国肉羊网（http://www.chinasheep.cn/）。

表7-4   **主要的肉羊屠宰加工标准**

类型	编号	性质	名称
基础标准	GB/T 19480—2004	国家标准	肉与肉制品术语
	GB/T 17237—2008	国家标准	畜类屠宰加工通用技术条件
	SB/T 10352—2003	行业标准	畜禽屠宰加工实验室检验基本要求
过程标准	GB/T 20551—2006	国家标准	畜禽屠宰 HACCP 应用规范
	GB/T 20014.7—2008	国家标准	良好农业规范7：牛羊控制点与符合性规范
	GB/T 20014.6—2008	国家标准	良好农业规范：畜禽基础控制点与符合性规范
	NY/T 1341—2007	行业标准	家畜屠宰质量管理规范
	NY/T 5338—2006	行业标准	牛羊屠宰与分割车间设计规范
技术标准	GB/T 17237—2008	国家标准	畜类屠宰加工通用技术条件
	NY/T 1564—2007	行业标准	羊肉分割技术规范
	DB13T 963—2008	地方标准（河北）	羊屠宰技术要求
产品标准	GB/T 9961—2008	国家标准	鲜、冻胴体羊肉
	GB/T13214—2006	国家标准	咸牛肉、咸羊肉罐头
	NY/T 630—2002	行业标准	羊肉质量分级
	NY/T 633—2002	行业标准	冷却羊肉
	NY 1165—2006	行业标准	羔羊肉
	NY 5147—2008	行业标准	无公害食品羊肉
检验标准	GB/T 5009.44—2003	国家标准	肉与肉制品卫生标准的分析方法
	GB 2707—2005	国家标准	鲜（冻）畜肉卫生标准
	DB13T 1393—2011	地方标准（河北）	羊屠宰检疫技术规范
	DT 11T 288—2005	地方标准（北京）	牛羊屠宰检疫技术规范

资料来源：国家标准化委员会网站（http：//www. sac. gov. cn/）。

注：标准编号中"GB"表示国家标准，"NY"表示农业行业标准，"DB"表示地方标准，"SB"表示商业行业标准。

第二节 影响我国肉羊屠宰加工业标准化的因素分析

一 羊源供给不稳定

1. "质"的供给不稳定

我国具有丰富的肉羊品种资源，且不同品种之间肉质差异显著。

再者，不同饲养方式，比如舍饲、放牧或者两者结合的方式，造成原料肉品质差异也极大。一方面，由于品种及饲养方式不同造成的屠宰加工适应性差异明显，使得肉羊屠宰加工企业无法对原料肉进行分等分级。另一方面，肉羊屠宰具有明显的季节性特点，一些规模型屠宰加工企业，即使有些企业具有自有养殖基地，但是肉羊的供应远不能满足屠宰生产的规模要求。到了屠宰旺季，企业不得不大范围、大规模收羊，有的甚至需要跨省区收羊，直接造成屠宰加工环节原料肉利用率下降，产品附加值低，无法进行标准化的屠宰与加工，羊肉及其制品品质不稳定。

2. "量"的供给不足

通过对全国前 20 强肉羊屠宰加工企业统计分析，可以得出，目前大型屠宰加工企业主要集中在内蒙古等肉羊主产区。从整体上来说，市场对羊肉需求的增加、品牌特色餐饮业拉动、龙头企业带动、政府产业政策扶持等是构成内蒙古屠宰加工企业逐步向集中化、专业化发展的前提，同时也涌现出一批如赛阳、草原百盛等肉羊屠宰加工企业。然而针对草原牧区超载过牧的现象，从 2000 年开始，我国政府部门制定一系列政策，比如禁牧、轮牧、休牧政策控制肉羊饲养量，肉羊数量的供给不足，使得内蒙古许多肉羊屠宰加工企业开工不足、产能大量闲置，标准化生产入不敷出，严重者面临倒闭的困境。另外，在屠宰旺季，为了确保屠宰加工企业满负载运转，羊源来自不同区域，羊只个头大小不一，这也在一定程度上影响了标准化生产线的屠宰流程。

二　肉羊屠宰管理缺位，企业规模偏小

1997 年，国务院颁布《生猪屠宰管理条例》，国家开始对生猪实行定点屠宰、集中检疫的管理制度，该条例的执行从管理上规范了生猪屠宰秩序。而对于肉羊屠宰管理，目前尚未形成单独的法律法规进行约束，执法部门监督管理不到位，处罚力度不够，许多地区都没有肉羊定点屠宰场，基本上各地区肉羊屠宰活动依然处于监管空白状况，私屠乱宰现象比较严重。部分人在利益驱动下逃避检疫，以次充好、假冒伪劣现象较为普遍。

再者，我国肉羊屠宰加工企业基本特点表现为规模较小、生产方

式落后、产销加脱节等，家庭作坊式企业占据较大比例，规模偏小，进行标准化改造的难度就大，规范化操作的意识差。家庭式或作坊式企业主要以手工屠宰为主，屠宰设备简陋、工艺流程简单、生产卫生条件落后、同步宰前宰后的检验检疫不到位，食品质量安全很难保证和达标。比如，标准化屠宰环节主要包括禁食、屠宰方式、放血、排酸、屠宰后冷冻保存等。比如禁食环节，禁食 24 小时产生的黑干肉（DFD）① 的概率要明显低于禁食 32 小时的概率；放血环节，悬挂放血可能促进白肌肉（PSE）生产，而水平放血则可以降低白肌肉的发生，虽然提高了肉的保水性能，但增加了放血的难度；冷却排酸环节，可以提高肉的安全品质，同时可以去除异味，提高肉的嫩度和口感。即便肉羊有良好的遗传特性和营养水平，如果采用不当的屠宰工序或流程，也会对羊肉品质产生严重的后果，并且大多数肉羊屠宰后不经过冷却排酸的工序，使得羊肉口感或品质都略差一些，高档羊肉较少，企业的盈利空间就小，经济效益较低。

以上海为例，羊肉是上海市四大肉类消费品之一，每年的羊肉消费量稳步攀升，然而上海市 150 家活羊屠宰户无证经营，到了羊肉消费旺季，屠宰点异常忙碌，连夜杀羊，屋内臭气熏天，污水横流，屠宰环境极其恶劣。未经检验检疫的私屠羊肉中，常有一定比例的病死、病害羊肉未经无害化处理直接流入市场或直接供货给小型餐饮企业，给消费者埋下巨大食品质量安全隐患。目前，我国羊肉消费主要以羊肉初级加工品，如热鲜羊肉、冷却肉、羊肉片、羊肉卷、羊肉砖等为主，占据了 90% 以上的消费份额，这也是大多数小型屠宰加工企业存在的原因。

三　肉羊屠宰和加工关键性技术创新不足

相比于澳大利亚、新西兰、欧盟等肉羊产业发达的国家，我国多年来，肉羊屠宰加工业关键性技术"重引进，轻创新"，尚未形成羊胴体分割分级、加工与管理等技术体系，对于羊胴体分割分级技术、

---

① 在兽医卫生检验上常常称黑干肉为 DFD 肉，白肌肉为 PSE 肉。DFD 肉味质较差，由于 pH 值偏高，利于微生物繁殖，因而腐败变质概率较高，常发生在所有动物身上；PSE 肉由于应激反应时，肌肉组织持水力下降，肉品制熟后较干，会影响食用时的口感。

不同年龄段的羊屠宰与分级技术等研究多停留在理论层面,推广应用范围有限。就屠宰环节而言,肉羊屠宰标准化关键技术一般包括三类:宰前处理技术(装卸、运输、休息、禁食、宰前致晕,经过这些程序后才能进行肉羊的屠宰放血等环节);肉羊屠宰 HACCP 体系危害分析及关键控制技术;宰后成熟技术(冷却、排酸等)。目前国内大多数肉羊屠宰加工厂基本都采用较为传统的屠宰加工流水线工艺,因其设备投资少、对操作人员技术要求低,所以被广泛采用。新西兰创立的翻转式标准化羊屠宰加工工艺,经过 30 多年的不断发展和创新,目前已成为许多发达国家采用的主要加工工艺(如图 7-3 所示)。

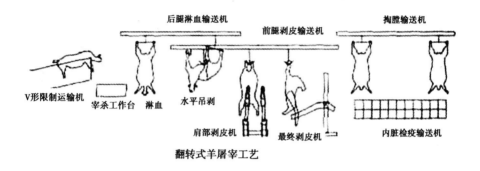

图 7-3 新西兰全自动标准化屠宰线

就加工技术而言,由于缺乏精细分割分级技术、分割损耗严重,缺乏高附加值分割产品,优质不优价,产品附加值低,企业效益低下。羊肉制品多以传统的酱卤、熏烤、干制、腌腊等为主,羊肉产品的深加工产品以及副产物加工利用等所占市场份额较小,而在超冰温保鲜技术、干热空气变频烘干技术、远红外线烘干技术、气体置换抗菌及高阻隔包装技术等自动化程度高、能耗低的新一代加工关键技术相对落后。目前多处于研究或中试阶段,尚未能在工业化生产中得以应用。

四 肉羊屠宰与加工环节的标准缺乏

标准是指导与规范生产的核心要素,标准的缺乏使得标准化活动无章可循。近些年来,我国一直是"羊肉生产大国,出口小国",90% 的羊肉产品国际市场被澳大利亚、新西兰所统占,在中东国家的清真肉制品市场上也几乎没有我国产品。究其原因,我国在屠宰加工环节标准的缺乏所导致肉羊屠宰市场混乱、质量安全问题突出应该是重要原因之一。以澳大利亚、新西兰为代表的国家标准化、专业化程度较高，在屠宰或加工环节的标准体系相对完善（见表7-5）。我国目前虽然已经出台一些国家或行业标准，但针对肉羊屠宰的操作规程或技术规范仍然空白，缺乏规范我国清真和非清真肉羊屠宰加工企业的标准或法规。在加工产品环节，尽管羊肉制品的质量标准体系不断完善，但相比发达国家，在卫生质量指标、加工、包装、运输、储存等相关卫生标准、技术标准方面比较落后。对于羊肉制品加工，比如羊肉香肠、风干羊肉、酱卤羊肉等数百种产品，都缺乏相应的产品标准，致使加工标准化工作难以推进和实现。

表7-5　　　　　　　**部分发达国家有关屠宰加工标准汇总情况**

国家（地区）	时间	颁布部门	标准代号	标准名称
澳大利亚	1997	澳新农业资源管理委员会（ARMCANZ）	AS 4460—1997	肉的屠宰标准
	1997		AS 4461—1997	肉的卫生生产标准
	1997		AS 4462—1997	动物肉屠宰标准
	1997		AS 4463—1997	肉的运输标准
	2002		AS 4696—2002	肉及肉制品安全生产与运输规范
	2007		AS 4696—2002	在"第三章"增加有关清真屠宰加工的内容
新西兰	2008	食品安全局（NZFSA）	NZ13475	绵羊、山羊屠宰前检验规范
阿拉伯	1998	海湾联合委员会（GCC）	GCC 993/1998	畜禽清真屠宰操作规范
美国	1992	农业部		羔羊、周岁羊和成年绵羊屠宰分级标准

资料来源：国家标准查询网（http：//cx. spsp. gov. cn/）和技术法规数据库（http：//www. spsp. gov. cn/DataCenter/Law/）。

第三节　肉羊屠宰加工标准化的实施效果分析

我国肉羊屠宰加工环节标准化的推进虽然存在各个方面的影响因素，但是标准化屠宰、标准化加工是肉羊产业发展的大势所趋。我国目前已有少数企业在标准化发展的道路上捷足先登，在产品质量提升和经济效益增加两个方面取得了一定的成绩，并得到同行业的认可和效仿。本节以内蒙古蒙都羊业食品有限公司为典型案例来分析该企业标准化的实施效果，以期为同行业乃至国家的肉羊屠宰加工标准化工作的推进提供借鉴和参考。

一 企业发展与经营概况

内蒙古蒙都羊业食品有限公司始建于 1998 年，位于内蒙古东部草原区赤峰市翁牛特旗玉龙工业园区，是一家以有机精品羊肉生产加工为主导产业的农业产业化国家重点龙头企业，"蒙都"商标是中国驰名商标，股份制民营企业（以下公司名称简称为"蒙都公司"）。公司最先是以肉羊养殖起家，后经过多年发展逐步向屠宰加工延伸。2000 年开始，内蒙古自治区为了维护草原生态平衡，开始制定各项政策进行草原生态保护。赤峰市翁牛特旗积极响应政府政策，大力提倡全旗舍饲养羊，以此为转折点，蒙都公司开始发展舍饲养羊，养殖方式由放牧转向舍饲，增加了养殖成本，也没有自己的屠宰厂，公司效益一直不景气。直到 2003 年，该公司开始做有机羊认证，当年是国内第一家肉羊有机认证的公司，由于单纯靠养羊公司盈利空间很小。于是在 2004 年，公司就上了屠宰加工线，有了自有的屠宰厂。2005年，通过几年养羊的经验积累和不断摸索，公司领导人发现搞深加工和精加工，提高终端产品的价格，可以为公司带来很好的经济效益。2005 年建立了涮品加工间以及羊杂等副产物加工间。2005—2011 年，公司重点发展肉羊屠宰加工。2012 年，上海力鼎资本向蒙都公司注资1.2 亿元，并签订战略合作协议，公司用所注资金进行了扩建，又建立了 3 个肉羊屠宰厂，公司现有 5 个屠宰加工厂。2013 年公司总资产突破 6 亿元，2014 年总产值将突破 8 亿元。公司下设自治区级种羊场、有机羔羊繁育基地、有机肉羊屠宰厂、休闲肉制品加工厂及蒙都N43°9 有机羊火锅全国餐饮连锁店，"蒙都"成为羊全产业链领导品牌。产品涵盖了冷冻冷鲜系列、休闲系列、特产系列、调味佐餐系列100 多个品种。

公司先后成为国家扶贫龙头企业、国家少数民族特需商品定点生产企业、国家羊肉加工技术研发专业分中心、内蒙古自治区高新技术企业、内蒙古自治区专利工作试点企业和企业技术中心；2012 年 3月，与中国农科院农产品加工研究所结成战略合作伙伴，建立了"羊

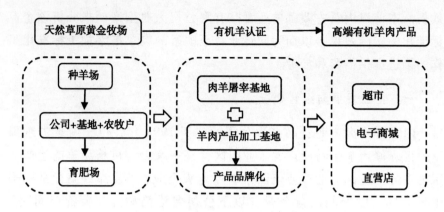

图7-4　蒙都公司全产业链发展模式

肉产品研发中心"，是国家现代肉羊产业技术体系——加工研究室羊肉加工示范基地，这为企业标准化实施提供了良好的科技环境。

公司拥有年屠宰肉羊30万只、年产优质羔羊肉及其深加工系列产品6000吨的生产能力。有机饲料基地、有机羊肉及其深加工系列产品均已通过中绿华夏有机食品认证中心的有机认证，并通过了ISO 9001：2000（质量管理体系）和HACCP（食品安全体系）的双认证。蒙都系列产品凭借标准化加工工艺、质量安全可靠先后荣获了全国食品博览会、中国国际农产品交易会和中国绿色食品博览会的"金奖"。公司以连锁加盟、产品配送的形式在全国20个省（市、自治区）建设了近千家蒙都产品直销店，经销（代理）商近百家，并在北京、沈阳和呼和浩特建立了蒙都商贸有限公司。

二　企业推进标准化屠宰加工的优势条件

1. 资源优势

地理环境优势。蒙都羊业公司坐落区域属于内蒙古东部草原区，自有30万亩有机天然牧场——翁牛特旗灯笼河、克什克腾旗好鲁库基地牧场。其位于科尔沁草原与克什克腾旗草原腹地，位于北纬42°—45°之间，海拔在300—2000米，年平均气温5.8℃，日照时间为2850—3000小时，据畜牧专家研究，该区域是生产最好吃羊肉的区间，也是最适合肉羊繁殖与生长的区域。

品种优势。昭乌达肉羊是经过国家鉴定的草原型肉羊新品种，其育种区域主要集中于赤峰市北部包括翁牛特旗等四个牧业旗。经过实验测定，昭乌达肉羊具有明显的生产性能和较高的产肉率，深受当地养殖户的欢迎。蒙都公司建有昭乌达种羊场，主要进行昭乌达纯种扩繁或经济杂交。种羊场的建立，主要为了服务于本公司，确保原料肉的品质和安全。

农牧结合优势。翁牛特旗属于半农半牧区，劳动力资源以汉民居多，全旗所生产的农作物秸秆，如豆科类秸秆、玉米秸秆、向日葵、甜菜叶等，绝大部分转化为青饲料，当作肉羊养殖的饲料来源。公司和农户相结合，实行"农户种，公司收"，确保了公司养羊的饲草料供应。

羊源优势。该公司是赤峰市唯一一家昭乌达肉羊屠宰定点厂，也是周边肉羊集中屠宰点，能满足自有屠宰厂的生产能力。此外，公司与农户合作走产业化发展道路，公司借给农户使用种羊，进行配种或改良当地羊，经改良后的羊品种出肉率高、生长速度快、经济效益明显；公司按照协议，高价回收农户饲养的羊，从而获得"标准化"的羊源，保证了本公司的羊肉及其制品的原料肉来源。

2. 市场需求

从国内市场上看，内蒙古不仅是肉羊主产区，同时也是羊肉主销区。内蒙古绝大部分消费者一直都有羊肉消费偏好，羊肉消费的方式也有很多种，比如涮羊肉、烤全羊、烤羊肉串、喝羊汤、做馅食等。并且随着居民膳食结构的转变，羊肉凭其高蛋白、低脂肪、低胆固醇等特性深受广大消费者喜爱。比如过去南方羊肉消费量相比北方要少，而现在很多人正逐步转向消费羊肉，而内蒙古羊肉在国内享有广阔的市场。目前我国羊肉市场主要以热鲜肉和冷冻肉为主，占据了羊肉产品市场的90%，羊肉产品类型趋向单一，市场竞争力低。全国羊肉深加工产品（含熟食、提取物等）仅占羊肉产量的2.9%，远低于我国肉类15%的平均水平。因此，羊肉产品的深加工以及副产物的开发利用，将有很大的市场发展前景。

3. 企业战略

公司从2005年开始，重点发展肉羊屠宰加工和副产物深加工。最开始屠宰加工产品以热鲜羊肉、冷却肉为主，由于产品普遍存在货架期短、品质不稳定、质量安全突出等问题，鲜肉产品并未给企业带来明显经济效益。于是企业积极调整发展战略，由屠宰向深加工产品、副产物研发延伸，提高羊肉产品的附加值，走高端羊肉产品发展路线。该公司拥有五大羔羊生产加工基地，分别位于赤峰市翁牛特旗、呼伦贝尔海拉尔镇、锡林郭勒盟西乌旗、兴安盟克左中旗和通辽市扎鲁特旗，加工基地全部位于蒙东核心草原带，生产加工全部为草原羔羊，年均加工羔羊肉 100 万只。深加工的产品包含风干牛羊肉、羊肉休闲食品、熟制羊产品（烤羊腿、羊蝎子等）以及与科研单位合作研发的羊骨素调味料四大系列 100 多个品种（见表 7 - 6）。高端有机产品，主要通过有机羊肉礼品套装盒、团购以及政府采购等途径进行销售，礼品盒套装精选产品是专门针对家庭消费开发的一款经过精细分割加工工艺的羊冻品产品，分袋包装，便于保鲜储存和烹饪制作。蒙都产品的多样性以及差异化，在为公司创造巨大的经济利润的同时，也为公司赢得了较大的市场份额。

表 7 - 6　　　　　　　　蒙都公司加工系列产品一览

产品分类	产品名称
冷冻系列	西式法排、蝴蝶排、羊颈排、法式羊后腱、法式羊腿、羊里脊、羔羊肉卷、羊肉砖等
风干肉系列	手撕袋装风干肉
佐餐系列	浓缩羊骨汤、羊肉辣椒酱
酱卤系列	羊肉煲、羊杂、泡椒蹄筋
礼品系列	有机全羊、蒙都全羊、草原贵族、风干礼提

资料来源：蒙都公司官方网站（http://www.mengdusheep.com/）。

4. 质量标准体系

2003 年，蒙都公司的有机认证牧场及有机羊产品正式通过了中绿华夏有机食品认证中心的有机认证。肉羊及其深加工系列产品均已通过 ISO 9001：2000（质量管理体系）和 HACCP（食品安全体系）的认证。在屠宰加工方面，每个环节都制定了公司自身操作标准和产品标准，公司成立专门的部门（技术研发部）负责标准的制定和产品质量达标，从屠宰环节的扒皮、剔骨、洗内脏，到产品加工环节的质量控制（微生物控制、物理控制、化学风险）等都制定了一系列标准，共达 100 多项。同时公司还成立专门的质检部门，对宰前检疫、药物残留以及宰后加工的质量卫生达标都进行严格检测。公司具有完备的质量标准体系，用标准规范生产，有些标准甚至在同行业都有较高的引领水平。

5. 政府扶持

就宏观产业政策而言，内蒙古自治区被列为肉羊中东部农牧交错带优势发展区域之一，在 2011 年，内蒙古自治区又被国务院定位为"绿色农畜产品生产加工基地"，中央及自治区出台了一系列惠农惠牧政策以及各种财政补贴。对于牧区龙头企业政策而言，自 2000 年国家出台《关于扶持农业产业化经营重点龙头企业的意见》，内蒙古自治区针对本区龙头企业制定了认定标准和扶持政策。蒙都公司作为内蒙古较大的从事肉羊生产加工的企业，也得到政府在财政、税收等方面的扶持。

三　实施效果分析

1. 标准化与产品质量

一是在羊源控制方面，因为肉羊的饲喂方式不同，大小就不一样。短期育肥的羊，主要喂秸秆和精饲料，疫病和药残风险较大，而草原羊主要是放牧和舍饲相结合，主要用青贮饲料喂养，相对短期育肥羊风险要小。因此，公司在收羊时，有严格的执行标准，首先是看耳标，务必要在休药期进行屠宰，要有屠宰证；其次是对羊进行抽检，主要检测药物残留（如瘦肉精等）。只有两项都达标，检测安全的羊才进待宰室准备屠宰，确保了原料肉的标准化。二是在屠宰加工方面，肉羊屠宰加工车间采用现代化生产流水线，全封闭、净化生产环境，屠宰的6—8 月龄羔羊，每只羊从宰前检疫至成品包装整个工序达到全程可控可追溯，实现了屠宰加工标准化。三是在加工产品方面，主要是对产品进行质量控制，具体做法是：微生物的控制，避免工作人员的污染、刀具污染等；化学控制，所使用的消毒剂、润滑剂等必须是可食用的；第三方检测，产品送质监局进行检测，主要确保微量元素不能超标，达到国家规定的质量安全标准。蒙都公司截至目前有 100 多种产品，并且每种产品都有严格的产品质量安全标准，比如羊下货、羊蝎子的国家标准或行业标准都是空白，但是该公司却有严格的企业标准。另外，公司所有标准的执行，主要通过对员工进行技术培训，并且标准的执行情况直接与员工绩效工资挂钩，进而提高了员工的标准化意识。

对于高端有机羊肉，公司不仅严格执行有机食品标准，确保产品安全卫生质量，而且公司瞄准国际先进水平，不断优化整体质量，以一流产品质量开拓国内外有机羊肉市场。公司的有机羊从养殖、加工到销售全过程实现了全程可追溯，全程建立了严格的电子信息档案，从有机羊的繁育、牧养、防疫、运输、屠宰加工、销售全程通过耳标记录电子档案，使有机羊到任意一个生产环节均能实现可追溯，养殖过程中及时剔除不能达标的羊，只优选6—8月龄的有机羔羊进行屠宰加工，从而全程保证了有机羊的高品质和可追溯性。有机高端产品所选取的羊肉部位都是经过精心筛选的，如图7-5所示。

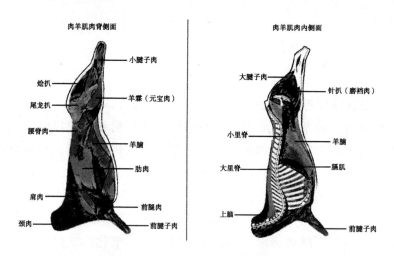

图7-5 蒙都高档有机羊肉来源

2. 标准化与经济效益

一是企业利润点。公司目前的主营业务以冻肉为主（如羊肉卷、羊排、羊腿等），风干休闲食品次之。公司经过多年摸索，探索出冻肉产品，利润较低，仅是走量产品。如果实现公司利润最大化，需要积极改变公司产品类型，走带骨产品（如法式羊排、羊前腿、羊脊骨等）以及高端羊肉产品的深加工路径，这一部分产品是公司增值的部分，也是实现公司经济效益最大化的主要环节。

二是产学研相结合。科技是第一生产力，肉羊传统的屠宰加工技术已经远不能满足市场对产品多样性、安全性等要求，由传统方式向现代方式转变，需要科技创新和支撑。蒙都公司在2012年与中国农科院农产品加工研究所签署战略合作伙伴协议，成立了中国农科院农产品加工研究所"羊肉产品研发中心"，这为蒙都公司科技兴企找到了可靠的科技支撑。其中，在中国农科院的帮助下，所研发的"羊骨素"佐餐系列，已获得国家产品专利，从而进一步提升了公司的经济效益。

三是品牌效益。蒙都公司申请注册了地理标志产品"翁牛特羊肉"，目前公司拥有唯一使用权。随着"蒙都"荣膺"中国驰名商标"，小肥羊被百盛收购之后，蒙都逐步成为肉羊加工行业的领导品牌，其市场份额、年销售收入均处于同行业的领先水平。2014年，蒙都牵手影视明星王珞丹，作为公司的形象大使，启动品牌升级战略，进一步提高了蒙都的知名度，增加了市场竞争力。2014年6月，在内蒙古赤峰召开了"2014蒙都财富大会暨订货会"，公司展示了印有王珞丹形象的新包装产品，订货会历时1个小时，销售商签订了近亿元的订货协议，不仅提高了蒙都当年的销售收入，也增加了蒙都品牌的市场份额。

3. 标准化与社会、生态效益

公司坚持"公司＋基地＋农户"的产业化运营模式，公司的自治区级种羊场与翁牛特旗羊业协会和6000多户农牧民结成了互惠互利、相互依存的利益共同体。通过品种改良、疫病防治、饲料配送和科学养殖等服务，带动6000多户农牧民年饲养20只基础母羊，户均出栏50只优质杂交羔羊，并通过合同的方式以高于市场价1元/千克的优惠价格进行回收，确保带动户每只杂交羔羊增加收入100元以上，户年均增收5000多元，年可总增农牧民收入3000多万元。积极带动农牧民养羊增收，帮助周边农户到公司就业，从而产生了良好的社会效益。另外，蒙都公司通过竞标，获得种羊储备、清真牛羊肉的生产与储备双资质，自2012年起，蒙都公司每年都有400吨"国储库"牛羊肉平价投放节日市场的任务，主要是确保节日市场的牛羊肉供给和平衡市场价格。

蒙都公司和农户联合养羊的模式，促使农牧民由传统的放牧模式逐步向放牧加补饲或完全舍饲的方式转变，不仅缓解了草地畜牧业的环境压力、维护了草原生态平衡；而且充分利用了养殖或屠宰加工过程中废弃物和副产物，从而有效地预防了环境污染。

本章小结

本章在对我国肉羊屠宰加工业发展现状分析的基础上，总结出影响我国肉羊屠宰加工业标准化发展的因素，进而以典型案例来分析肉羊屠宰加工标准化的实施效果，具体得到以下结论。

（1）肉羊屠宰加工标准化是一套系统工程。肉羊屠宰加工标准化措施一般包括原料肉标准化、加工条件标准化、加工工艺标准化以及产品包装标准化，这些标准化措施环环相扣、相互影响，形成一个系统。肉羊屠宰是羊肉生产极为关键的环节，屠宰过程是生产中获得羊肉的一种加工和处理方法，不同的宰前管理、屠宰条件以及屠宰方式都会对羊肉品质产生较大影响。而加工过程主要是对羊肉产品及羊的副产物进行深加工，该环节能给加工企业带来良好的经济效益。

（2）我国肉羊屠宰加工业呈现出向标准化发展的新趋势。一是屠宰加工业逐步朝专业化、标准化方向发展，且我国大型屠宰加工企业集中化发展趋势明显，主要向内蒙古、山东、新疆等主产区集中。二是多数大型企业屠宰加工设备先进、屠宰加工技术不断创新、羊肉产品结构趋向合理，由自动化屠宰加工生产线取代传统手工屠宰生产效率明显提高，通过不断创新屠宰加工技术，各种深加工产品逐步丰富。三是企业标准化、品牌化意识逐渐提高，用标准规范生产，标准化带动品牌化发展，企业效益增加明显。

（3）我国肉羊屠宰加工业标准化的发展受到众多因素的制约。一是羊源供给从质和量两个方面来说都不稳定，不同品种、不同饲养方式所造成的原料肉品质具有很大差异，并且肉羊出栏具有明显的季节性。二是肉羊屠宰管理缺位及企业规模偏小，由于缺乏肉羊定点屠宰和集中检疫的管理制度，很多地区肉羊私屠乱宰现象较为严重。三是肉羊屠宰加工关键性技术创新不足，我国绝大多数的大中型屠宰加工企业仍以传统的生产线为主，并且一些关键性技术缺乏创新。四是屠宰加工环节标准缺乏，导致屠宰加工企业有进行标准化屠宰加工的意识，但是缺乏标准化的指导性文件。

（4）肉羊屠宰加工企业实施标准化要建立在全面质量管理的基础之上。以内蒙古蒙都羊业食品有限公司为例，其肉羊屠宰加工标准化是建立在肉羊品种良种化、放牧基地标准化和加工条件、加工工艺与产品包装标准化的基础之上，同时还注重实施产品品牌化战略。这样才做到了在产品质量提升的基础上，企业经济效益、社会效益和生态效益同时提高。

第八章　基于产业链整合的肉羊产业标准化运行机理分析

实践证明，肉羊产业任何单一环节或简单的标准化工作难以确保产品质量安全和产生较高的经济收益。更深入地推行肉羊产业标准化，使其在生产效率、产品质量安全性以及经济、社会、生态效益等方面的提升，需要产业链上下游更紧密地整合才能实现。以规模化带动标准化，以标准化提升产业化，生产者之间不同的产业组织模式也会影响标准化实施效果，这就需要对产业链整合下的标准化运行模式进行分析和探讨，也是确保产品质量安全、提高产业效益、推进我国肉羊产业标准化实施的关键所在。

第一节　产业链整合下标准化运作的动因

一　肉羊产业升级的迫切需要

现代市场竞争已经从单个企业之间的竞争扩展到产业链的竞争，竞争的优势依赖于企业与整个产业链上下游环节的系统协调（Michael Porter，1985）。在这种形势下，整合产业链，已成为产业形成竞争优势的重要源泉，也是市场竞争发展到一定阶段的必然产物。

我国肉羊产业是一个包括育种、饲养、繁育、育肥、屠宰、加工等诸多环节在内的一个体系，体现了产业内不同环节或参与主体的分工与协作。自进入 21 世纪以来，虽然我国肉羊产业进入到快速发展时期，但是我国肉羊良种覆盖率、出肉率、饲料转化率、比较收益率低下，我国肉羊生产和管理水平相较于发达国家仍存在较大差距。究其原因，一是因为我国肉羊养殖方式仍然以小而散的粗放户养为主，这种养殖方式，既给重大疫病防控和羊肉产品质量安全提高带来巨大隐患，也严重影响着畜禽良种、动物营养等先进生产技术的推广普及，制约着肉羊产业整体生产能力的提高。二是肉羊产业组织化程度低。首先，缺乏职能完善的行业协会，农户间的组织化程度低，从而获得生产、销售、技术和信息的能力差、渠道少，这不仅造成肉羊产业生产水平低，参与市场竞争的能力弱，而且容易造成区域性、阶段性的盲目发展和供需失调。其次，农户和企业之间的利益联系不紧密，多数屠宰加工企业仍以初级加工为主，产品附加值低，市场适应能力差，很难形成自己的品牌，严重制约了肉羊产业发展壮大和产业升级。

因此，整合肉羊产业链，提高肉羊生产规模化、产业化水平，以规模化带动标准化，以标准化提升产业化，只有标准化与规模化、产业化相结合，才能实现肉羊产业品种良种化、生产规范化、防疫制度化、产品无害化、经济效益最大化的目标。

二　羊肉产品质量保障和产业效益提升的需要

随着国内农产品质量安全事件的频发，食品质量安全问题已成为人们最为关注的话题，畜禽标准化规模养殖成为政府引导和鼓励发展的方向，标准化成为解决我国畜产品质量安全问题的重要手段和依托。从理论层面来讲，食品质量安全问题主要归因于两大根源，一是交易过程中的信息不对称，二是解决信息不对称所需支付的交易成本过高。与非农产业相比，畜牧业发展有其自身的局限性，经营模式主要以家庭经营为主。畜禽生长有一定的自然周期，由于利益驱使和信息不对称性，在生产环节容易滋生过度使用兽药或添加剂以改变畜禽生长周期或肉品质的投机主义行为，因而生产环节常被认为是畜产品质量安全事件的高发地。在肉羊产业内发生频率最多、影响涉及范围最广的"瘦肉精羊"和"假羊肉"事件可以看作是较为典型的案例。

肉羊产业标准化实现的是肉羊产前、产中、产后过程标准化，旨在从源头上确保原料肉的品质和质量安全。值得一提的是，实行肉羊产业过程标准化，是需要投入大量生产成本的。对肉羊生产者来说，只有当预期收益达到一定程度经济组织（农户或企业）才愿意投资，如何调动经济组织进行标准化生产的积极性，需要借助于肉羊产业链的整合，比如"龙头企业＋农户"或"龙头企业＋合作社＋农户"

等整合方式，以标准规范生产，减少中间环节，确保羊肉产品质量安全。企业采取不同的组织方式其最终目的就是节约交易费用，而交易费用在很大程度上是信息费用，标准化可以帮助消费者减少评估和确保产品的质量特征，减少交易信息成本，提高经济收益，促进市场交易。再者，从整个产业发展的角度来看，标准化生产和管理，也在很大程度上改善了产地环境，比如我国牧区为了实现草畜平衡发展，减少肉羊饲养量，饲养方式逐步转向舍饲和半舍饲，以内蒙古蒙都、蒙羊、巴美公司为代表的龙头企业快速发展，不仅带动了牧区上下游产业的协调发展，增加了肉羊产业效益，而且为促进牧区肉羊可持续发展，实现了经济、社会、生态效益的统一起到典型示范的作用。

三　羊肉市场化、品牌化发展的需要

养羊业的发展，与市场需求的历史性变化是密切相关的。随着羊肉产量和消费量的显著增长，养羊业主导方向也出现了由"毛主肉从"转向"肉主毛从"的发展趋势。直到进入 20 世纪 90 年代以后，羊肉需求量急剧增加，市场需求的拉动刺激了养羊业生产方向的转变，自此我国肉羊生产也进入了快速发展时期，肉羊生产进入商品化、市场化、国际化的发展阶段。尤其在我国加入 WTO 之后，面对发达国家实行严格的贸易保护主义措施，我国羊肉产品由于技术标准低，自主品牌少，因而缺乏国际市场质量优势。为了解决羊肉产品质量安全问题和提升羊肉产品国际竞争力水平，政府除了鼓励肉羊规模化生产、加强政府监管体系之外，另一个重要的举措就是推动食品的品牌建设。品牌是产品质量信息识别的重要标志，可以满足消费者对高质量、高品质产品的消费需要，同时也是厂商提高市场占有率的重要手段。羊肉品牌化发展是提升肉羊标准化、产业化水平的关键路径。我国肉羊产业产业链涉及环节较多，各利益主体缺乏协作，加之肉羊屠宰加工企业规模小、技术研发水平较低导致羊肉产品的附加值较低，难以形成产品品牌效应和具有国际竞争力的品牌产品，参与国际市场竞争时，仍面临着极大的压力和挑战。因此，提高肉羊产业组织化程度和标准化水平显得尤为重要。

第二节　肉羊产业标准化实施主体行为分析

综合本书研究，肉羊产业标准化是肉羊品种选育、饲料营养搭配、养殖、屠宰、加工各环节标准化的协调与统一。在标准化实行的过程中，也是多方利益主体生产经营和参与协作的过程。我国肉羊产业标准化实施主体主要包括政府、企业、科研单位、农民专业合作社和农户。其中，政府是标准化的推动者、投资者和监督者，科研单位是先进技术的推广者，企业、农民专业合作社和农户是标准化的生产经营者，各主体在标准化实施过程中相互作用、相互协作，形成不同的利益连接模式，对标准化的实施效果产生不同的影响，以下将着重对各实施主体的参与行为及其作用体现展开分析。

一　政府对标准化的推动、投资与监督行为

政府是标准化的推动者和投资者。任何产业标准化的核心内容是标准，我国《标准化法》规定："标准分为强制性标准和推荐性标准。保障人体健康、人身、财产安全的标准和法律、行政法规规定强制执行的标准是强制性标准，其他标准是推荐性标准。"在推进肉羊产业标准化过程中，如标准化体系的建立，农产品市场准入标准的设置、农产品监督机构等，这部分投资具有公共物品的色彩，其供给不能完全由市场来调节。从外部性理论讲，标准化生产具有很明显的效益外部化，表现在经济、社会、生态三方面，这就进一步使得肉羊产业标准化跨出肉羊产业范围对其他方面，比如环境治理、农民就业等产生影响，并且这种影响是正向的。于是，收益就发生了外溢。因此，在促进肉羊产业标准化向前推进的同时，政府成为主要的推动者和投资者。从相关标准的制定与完善，依托农业技术推广机构和农业部门来推广、普及农业标准，到产品市场准入标准的设置、农产品监督机构的成立，政府都起到决定性作用。此外，政府不仅向经济实体（龙头企业、合作社或农户）提供资金投入或政策倾斜，而且还向他们提供肉羊良种、标准饲料、养殖技术及标准化配套设施等方面的支持。通过良种补贴、投资育种、繁育、饲料、圈舍设计、育肥、防疫等相关技术的研发，以及建设标准化规模示范场等来促进肉羊标准化规模经

营发展。

政府是肉羊产业标准化的监督者。在市场经济中，价格是经济参与者相互之间联系和传递经济信息的方式，价格主要受产品质量（即生产成本）和需求的影响。由于信息不对称，生产者的利益会受到逆向选择和道德风险的冲击，优质未必能够优价。政府的作用就是监督标准特别是质量安全标准的执行，加强标准化产品的识别工作（比如"三品一标"产品），使标准化产品更能突出品质优势，增加市场信息透明度，将市场风险降到最低，从而保障生产者的利益。

二　科研单位先进技术的创新与推广行为

农业标准不仅浓缩了生产者长期经验的积累和农业先进知识的集合，而且标准也是先进技术的体现，标准随着生产力、科学技术、人类社会的进步而不断完善和更新。从某种意义上说，标准化的过程对技术的集成与创新要求最为迫切，标准化对技术进步有着正向的推动作用。为了解决技术标准需求主体与技术创新成果推广应用的有限衔接，科研单位在肉羊产业标准化过程中担任了技术创新、技术指导以及技术普及与推广应用的重要角色。

在肉羊新品种选育方面，从技术创新方面来说，在新品种选育阶段对技术要求比较高，比如 BLUP 统计方法使用以及微卫星分子遗传标记育种技术、FecB 多胎基因检测技术已应用于我国肉羊新品种选育的过程中，并且同类技术均处于世界领先水平。在饲料营养方面，动物营养学家根据肉羊营养需要量制定了不同阶段饲喂的标准配方饲料，比如中国农业科学院饲料研究所根据羔羊的营养需要量研发的代乳粉，能有效缓解母羊哺乳不足、羔羊生长缓慢的难题，同时也为肉羊羔羊早期断奶标准的制定提供了理论依据。在肉羊生产方面，人工授精、胚胎移植、同期发情、密集产羔等技术只有整合应用到肉羊生产过程中去，才能使技术潜在的经济效益最大限度地发挥出来。在肉羊屠宰加工方面，宰前处理技术、肉羊屠宰 HACCP 体系危害分析及关键控制技术、宰后成熟技术（冷却、排酸等）等都需要在生产加工过程中不断升级与创新，比如中国农业科学院农产品加工研究所创新的羊肉零度潲温技术，将羊肉保质期最长延长至 21 天，从而大大提高了我国羊肉保鲜质量水平。同时，随着肉羊屠宰分割、无损分级、副产品开发等方面的技术创新与升级，各种羊肉深加工产品不断改进。因此，科研单位与企业、农户的紧密联合，不仅可以满足企业、农户等对先进技术的需求，而且可以将先进的科学技术转化为生产力，促进肉羊产业的不断升级和发展。

三　龙头企业、合作社和农户的标准化生产行为

龙头企业处于肉羊产业链的核心地位，也是连接产业链上下游环节的关键节点，与合作社、农户的联合，组成了我国肉羊产业标准化实施的主体。龙头企业如果扩大肉羊养殖规模，单凭企业的力量无法实现，与合作社和养羊户的纵向联合，可以有效降低生产和管理成本，实现规模经济，一般以"龙头企业＋合作社＋农户"、"龙头企业＋农户"、"龙头企业＋基地＋农户"等纵向联合的方式存在。

农民专业合作社是农户在自愿互助的基础上，以成员利润最大化或成本最小化为目的的企业。由于利润共享，生产者合作组织内部能够形成互相监督的机制，减少组织成员的机会主义行为，从而有动力提供质量安全的产品。作为一种企业，专业合作社在我国可以分为由公司领办的合作社和由农牧民独立创办的合作社。由公司领办的合作社，比如在"公司＋合作社＋农户"形式中，作为产业链中横向联合的一种形式，同时也担任一种经济组织中介的角色。合作社为农户提供产前、产中、产后的各种技术或信息服务，也可以接受企业的委托，为其进行商品羊的收购。尤为重要的是，合作社代表了农民的利益，在市场交易中强化了与企业谈判的话语权以及利益分红。因此，通过合作社将分散的小规模农户集中起来，不仅提高了横向集中度，促进了规模化和专业化竞争优势的形成，同时也改善了农户自身在市场竞争中的地位。然而，我国的农民合作社仍处于初级发展阶段，面临着合作社经营人才短缺、合作社治理机制不完善、合作社发展的法律法规不健全、农民缺乏合作精神和意识等各种因素的制约（成德宁，2012）。在实际调研过程中发现，有些地方的养羊专业合作社，并未充分发挥合作社功能，大部分合作社仅是养殖大户（私人）投资兴建的规模化肉羊养殖场，农户以家庭为单位租用其羊舍，一个养殖场内一般有三户或四户，养殖场对外称养羊专业合作社。因此，在肉羊产业发展过程中，农民专业合作社作为一个单独的经济组织在实际

生产中还未较大范围形成，所以在有些地区仍是以"龙头企业＋合作社＋农户"的方式存在。

　　养羊户仍然是肉羊产业标准化的生产主体。实施标准化生产在提高羊肉产品品质、保障产品安全以及增强产品国际竞争力的同时，也增加了农户的养羊投入。因此，对于每一个理性生产者（养羊户）来说，养羊户是否愿意实施标准化生产主要诱因是能否增加养羊收益。而单个养羊户实施标准化的成本较高，于是与合作社或公司联合，走产业化发展模式是降低生产成本、增加养羊收益的一种路径。公司或合作社提供产前技术指导，农户按标准进行养殖和管理，最后按照合同将商品羊销售给公司，不仅降低了养殖风险，而且减少了交易费用，增加了养殖收益。

第三节　肉羊产业标准化运行模式分析

　　目前，我国肉羊生产虽然仍以分散户养为主，但在肉羊标准化推进的过程中，基本形成了以政府、科研单位、龙头企业、专业合作社、农户等主体之间相互作用和利益联结的多种模式。其中，政府、科研单位、龙头企业是标准化实施的三大主体，政府可以通过产业政策支持和财政补贴引导产业标准化发展；科研单位通过先进技术的创新和推广提高标准化水平；相关企业优势在于及时掌握市场动态，为合作社、农户提供标准化信息。对我国肉羊标准化实施的大量成功案例和实践活动进行经验总结，得出以下几种肉羊产业标准化运行模式。

一　政府主导型运行模式

　　政府推动，是利用产业政策扶持和财政资金，通过行政手段来推动肉羊产业标准化。政府主导型的运行模式也是在肉羊产业标准化实施初期的主要模式，这种模式主要表现为政府建立各种肉羊标准化示范区（场）项目吸引企业、专业合作社以及农（牧）户等主体多方参与，共同推进标准化的实施。比如 2011 年，第一批农业部畜禽标准化示范场总共有 475 个，其中包括 44 个肉羊标准化示范场。2012年，国家实施肉羊标准化规模养殖场（区）建设项目，大力扶持肉羊主产区内蒙古、新疆等 7 省（区）建设肉羊标准化规模养殖场，以标准化建设提升我国羊肉产品数量和质量。肉羊标准化示范区（场）是政府推动农业标准化实施的主要载体，以规模化、标准化养殖为核心，实施全程质量控制的标准化管理，吸引龙头企业、专业合作社加入，农户直接参与标准化生产，对周边及相关产业起到示范带动作用。比如 2014 年，内蒙古巴彦淖尔市新建肉羊标准化规模养殖场 20 处，肉羊杂交繁育园区 3 处，建设地点分布在全市 11 个乡镇。项目采取"先建后补"的方式进行资金补贴，达到规定建设规模，每个肉羊杂交繁育园区补贴财政资金 96 万元，每个肉羊标准化规模养殖场补贴财政资金 35.6 万元。项目建成后年存栏基础母羊 2.6 万只，年育肥出栏羔羊 7.8 万只。① 通过示范区（场）的典型示范和辐射带动作用，基本改变了所在地区的养殖模式，利用资源和区位优势，延长了产业链条，增加了农牧民收入，促进了肉羊产业发展。

政府主导的运行模式，在肉羊产业标准化发展初期综合效果比较明显，但也存在一定的局限性。在财政资金和政策的保障下，该模式能起到造势和方向引导的作用。然而由于缺乏标准化理论体系和实施科学方案的支持，容易使政府推动的模式流于形式，再者缺乏市场机制的刺激，不能真正强化实施主体的标准化意识。

二　龙头企业带动型运行模式

以龙头企业为核心，实现龙头企业与养殖基地、合作社或农户的纵向联合，企业可以利用自身在资金、技术、管理、流通以及市场信息等方面的优势，对农户进行产前、产中的技术培训，农户可以规避市场和技术风险，按要求进行标准化生产，双方形成一种"利益双赢"。在肉羊产业的不同环节，龙头企业带动型的运行模式主要表现在以下几个方面。

一是以育种为核心的"龙头公司 + 合作社 + 农户"或"龙头公司 + 科研院所 + 政府"，如云南省石林生态农业有限公司（选育品种为云南黑山羊）、四川省大哥大有限公司（选育品种为简州大耳羊）、内蒙古好鲁库德美羊业有限公司（选育品种为昭乌达肉羊）等。其中

---

① 资料来源：新农养羊网（http://www.xinnong.com/yang/news/1031878.shtml）。

龙头公司作为育种的核心主体，不仅形成比较顺畅的产学研相结合运行机制，而且调动农户育种的积极性，从而形成品种选育、种羊生产、推广与应用的"育、繁、推"一体化的经营模式。这种产业组织形式既利用了公司的资金、技术、管理、市场等优势，引导育种企业向商业性育种转变，又能依托政府的政策支持和科研院所的技术协作，使得育种工作朝着良性健康的方向发展，还能引导农户积极参与育种，提高肉羊良种化程度。

二是以养殖或屠宰加工为主的"龙头公司 + 基地（合作社） + 农（牧）户"或"龙头公司 + 农（牧）户"，比如内蒙古巴美养殖公司、蒙都羊业有限公司。从产业组织形式来说，形成了以龙头公司为核心的部分一体化形式，其中龙头公司主要是从事肉羊养殖或屠宰加工为主的中大型公司，因为肉羊产业标准化不同于工业标准化，肉羊生产自身就具有特殊性，存在一定生长周期、饲料搭配、疫病风险等大量不确定因素，使得肉羊标准化生产有别于工业标准化的精度要求。从公司自身利益出发，如果扩大养殖规模，单靠公司自身的生产能力不能完全实现，与农户结合，公司会赚取尽可能多的利润，将自身风险降到最低。与农户相比，龙头公司在资金、技术、加工、储运和销售等方面更具有利的条件。从农户角度来讲，公司统一为农户提供种羊，为农户提供生产资料和技术指导，产后按合同标准收购商品羊，农户要建立肉羊养殖档案，按标准进行养殖，商品羊或羊羔按合同约定出售给龙头公司，从某种程度上形成了利益协作关系。

三是以餐饮为主的"品牌公司 + 屠宰加工 + 基地 + 农户"。比如内蒙古小尾羊牧业科技股份有限公司、西贝餐饮，其中品牌公司主要以餐饮为主，为适应市场需求，不断向前延伸产业链条，形成集种羊繁育、肉羊养殖、屠宰加工、餐饮连锁于一体的产业化发展模式。公司根据自身的市场策略制订生产计划，通过租用土地，建立养殖基地，雇用农（牧）户的方式，按照一定的质量标准和生产程序进行养殖或加工，最后通过初加工、深加工等环节销售给消费者。比如小尾羊火锅是餐饮业中知名品牌，随着市场范围的扩大，小尾羊企业产业链的纵向分工逐渐细化为饲草供给、技术服务、种羊繁育、肉羊养殖、羊肉产品初加工、深加工、批发、零售、餐饮连锁等多个市场主体，接近于完全一体化的高级形式（耿宁、李秉龙，2014）。公司以餐饮业为主营业务，直接对接消费者和市场，一方面，公司能及时感知市场变化，为满足不同消费者的需求，在屠宰加工环节不断创新产品。另一方面，以市场需求来引导生产。比如对饲养方式的引导，按标准化生产，就需对饲养品种、育肥年龄、体重等提出要求；对屠宰加工标准的引导，从肉羊屠宰的个头大小、体重以及分割的方式、分割部位都有不同要求。

三 科研单位参与型运行模式

技术是肉羊产业标准化的核心要素，为解决经济主体技术需求与技术创新成果之间的有效衔接，科研单位直接作为技术支撑，联合龙头企业形成顺畅的产学研相结合的利益联结模式。目前我国有些龙头企业已经和科研单位进行联合，形成"龙头企业＋科研单位＋基地＋农户"、"龙头企业＋科研单位＋合作社＋农户"的产学研运行机制以及"龙头企业＋科研单位＋政府"的政产学研运行机制。比如四川大哥大牧业有限公司牵头，聘请西南民族大学育种专家联合四川农业大学、四川畜牧科学研究院和成都大学相关专家组成"简州大耳羊"技术研发团队，对大耳羊的遗传育种、饲料营养、疫病防控和简阳羊肉产品加工与开发等环节展开技术研究与推广，并成立了"四川山羊产业工程技术中心"，该中心的成立强化了技术在山羊产业的重要性，提高了科研单位的技术创新与推广的地位。[1] 又如内蒙古蒙都羊业有限公司，2012年3月，与中国农科院农产品加工研究所结成战略合作伙伴，建立了"羊肉产品研发中心"，是国家现代肉羊产业技术体系——加工研究室羊肉加工示范基地，这为企业标准化实施提供了良好的科技环境。

科研单位参与型运行模式属于龙头企业带动、科研单位参与、政府支持的产学研政相结合的运行模式，企业作为标准化生产的核心力量，加上科研单位的技术支撑、政府的产业政策扶持，各利益主体相互协调，实现了各自的效益目标，是我国肉羊产业标准化运行未来发展的主要模式。

---

① 资料来源：根据四川省简阳市大哥大牧业有限公司内部资料整理。

本章小结

本章基于产业链整合的视角对肉羊产业标准化的动因进行了归纳，分析了肉羊产业标准化实施主体的行为关系，进一步总结出我国目前肉羊产业标准化运行的模式，并得出以下结论。

（1）我国肉羊产业标准化是产业升级、保障质量与提升效益、市场化与品牌化的需要。一是在我国肉羊产业生产方式落后、生产效率低下、饲料原料资源短缺、羊肉产品需求日益增长的大环境下，需要整合肉羊产业链，提高肉羊生产规模化、产业化水平，只有标准化与规模化、产业化相结合，才能实现肉羊产业升级与现代化发展。二是面对"假羊肉"、"问题羊肉"事件的频发，以标准规范生产，减少中间环节，实行产业链的纵向整合，以实现确保羊肉产品质量安全和增加产业效益的目标。三是面对国内外市场竞争，政府除了鼓励肉羊规模化生产、加强政府监管体系建设之外，另一个重要的举措就是推动食品的品牌建设。品牌化的发展以标准化、产业化为基础，为了形成羊肉产品品牌效应和具有国际竞争力的品牌产品，提高肉羊产业组织化程度和标准化水平显得尤为重要。

（2）我国肉羊产业标准化的实施需要政府引领、企业带动、科研单位帮助、合作社和农牧户共同参与，其中不同实施主体在肉羊标准化过程中担任了不同的角色，也形成了不同的利益联结机制。政府是标准化的推动者、投资者和监督者，科研单位是先进技术的创造者和推广者，企业、农民专业合作社和农牧户是标准化的使用者和受益者。各实施主体都不是孤立存在的，在肉羊产业标准化过程中相互协调、相互作用，其行为对标准化的实施产生了不同的效果。

（3）我国肉羊标准化实施会出现多种运行模式。从标准化运行模式来说，标准化实施主体不同的作用与利益衔接机制形成了不同的运行模式，主要有政府主导型、龙头企业带动型和科研单位参与型三种模式。其中，在肉羊产业标准化实施初期，政府主导的肉羊标准化示范场（区），吸引合作社、农户等参与标准化生产，产生较为明显的效果。龙头企业带动型运行模式，充分发挥了龙头企业的资金、技术、管理与市场的优势，在肉羊育种、养殖、屠宰加工以及羊肉品牌餐饮业等方面发挥了典型带动作用。科研单位参与型运行模式，强调了技术的重要性，也是目前我国肉羊产业标准化发展比较提倡的产学研相结合的运行方式。

第九章　主要研究结论与政策建议

第一节　主要研究结论

一　肉羊产业标准化运行模式是适度规模化、产业化、品牌化协同发展的结果

肉羊产业标准化是贯穿产业链的过程标准化，并非产业链上单一环节或简单的标准化行为，而是从育种、饲料营养、养殖、屠宰与加工各环节所实现的肉羊良种化、养殖设施化、生产规范化、防疫制度化、粪污处理无害化、监管常态化以及经济效益最大化，严格执行法律法规和相关标准，并按照程序组织生产的过程。在这个过程中，适度规模化是标准化的基础，产业化是标准化发展的形式，品牌化是标准化的提升。然而肉羊产业有别于我国生猪、肉鸡、肉牛等畜牧产业，其受自然资源禀赋、生态环境、饲养技术水平、相关产业发展以及市场需求等因素影响较大，要实现标准化发展并不是一个经济个体就能实现的。考虑到我国各地自然资源禀赋、经济发展水平以及市场需求情况各异，我国各地肉羊标准化规模经营也不可能采取同一种模式，发展路径并不一致。综观我国各地涌现出的肉羊标准化运行模式，可以发现，与发达国家肉羊产业标准化发展历程相比，我国肉羊产业标准化路径较长时期表现为不断探索前进的过程，在此过程中，政府的推动作用是其中一个因素，更重要的是肉羊产业标准化也是羊肉产品市场化、国际化发展的必然产物。在此背景下，涌现出的典型模式如湖北十堰市马头山羊"12345"标准化模式、四川简阳市山羊产业"六化"发展模式、内蒙古巴彦淖尔市肉羊全产业链发展模式等，不仅与当地资源禀赋、生态环境和市场需求相结合发展适度规模

经营，而且以规模化带动标准化，产业化、品牌化提升标准化，从而大大促进了我国肉羊产业向现代化方式发展的转型。

二　肉羊良种化运行机制是多方主体利益博弈、长期协作以及多目标整合的结果

我国具有丰富的地方品种资源，但是生产用途单一的肉用品种比较匮乏。相比于国外优良品种，如波尔山羊、杜泊羊、萨福克羊等品种，地方品种在产肉量、瘦肉品质、增重速度和繁殖力等方面存在较大差距。因此，培育与推广自主知识产权的肉羊良种，对提高我国肉羊产业核心竞争力、促进肉羊产业可持续发展是至关重要的。从我国目前已经培育出的肉羊新品种来看，育种过程涉及多方利益主体，主要有政府、科研院校、育种企业、育种专业合作社及农（牧）户，并且不同的利益联结方式形成不同的育种模式。从相关利益主体的行为目标来说，政府高度参与新品种培育主要是为了实现生态目标和经济目标的统一，从宏观角度出发，既要稳定羊肉产品的供应，提高肉羊养殖业核心竞争力，又要保护生态环境。而育种组织的目标比较单一，追求经济效益最大化是其主要目标。科研单位不仅承担了先进技术支撑和科研成果转化为生产力的任务，而且还要进行先进技术的普及与推广。

良种的选育也是一项长期的系统工程，同时受到市场需求、技术、政策、资金以及资源约束，因此各利益主体不同的育种目标决定了主体间的利益冲突。在各自追求自身目标收益最大化的同时，经过长期协作与合作博弈，最终实现了利益相对均衡的结果，继而形成不同的利益联结机制，如政府主导型、企业主导型和科研单位主导型运行机制。然而从本书的分析中可以得出，企业主导型育种模式因建立了比较顺畅的产学研相结合的运行机制，在长期协作中已经形成一种稳定的利益格局，无论从先进技术推广还是各参与主体利益分配以及新品种产权界定，都能极大地促进相关利益主体实现各自最优的目标收益。

三　饲草料资源的科学配置是实现肉羊营养标准化的关键

实现营养的供需平衡在肉羊生产中发挥极其重要的作用，这一观

点已得到国内外动物营养学家的一致认同。肉羊营养需要量和饲养标准是饲料配制方法的理论依据和指导性文件，因此，根据肉羊不同生长阶段的营养需要量科学配置要素资源，是实现营养标准化至关重要的环节。我国针对肉羊营养需要和饲养标准的研究已取得一定成绩，比如已研发出拥有自主知识产权的肉羊全混合日粮以及羔羊代乳粉，并在实际生产中对于优化饲草料资源、充分发挥肉羊生产性能、降低饲养成本、提高养殖的经济效益起到重要作用。虽然根据肉羊营养需要量，科学配置饲料配方并应用于实际生产已经发挥明显的经济效果，但现实中推行饲料营养标准化也存有一定的局限性。主要原因在于：一是肉羊营养需要标准不是一个固定的量，它因肉羊不同品种不同生产阶段而有所差异，而肉羊营养需要量也会随着经济、生态环境的变化而不断更新。二是由于饲草料的种类不同，往往又表现出饲料配制的差异。牧区主要靠放牧，近年来在部分地区冬春季开展补饲；在农区和半农半牧区饲草料的种类繁多，种植业结构和农产品加工状况在很大程度上决定饲草料的来源、种类和结构，因此肉羊营养标准化需要因地制宜、因时制宜，需要通过政府科技人员推广、培训，养羊户自我配制饲料与购买商品性饲料和添加剂相结合。鉴于此，肉羊营养标准化不仅需要政府通过公益性项目研制营养标准，而且各级政府特别是基层政府通过到户的公共服务、典型示范，以及部分或逐步的商品化来加以实现。

四　规模效益、疫病风险是影响农户进行标准化生产的主要因素

中国自实行家庭联产承包制以来，农户家庭是农业生产的基本单位，农户仍是我国农业生产的主体，因此大范围地推行和实施标准化生产，调动农户参与的积极性是关键，具体到肉羊产业更是如此。当然，从微观生产视角来讲，标准化生产是以适度规模化经营为基础的。规模化、标准化的生产，势必要增加农户生产投入，提高生产成本。农户作为"理性经济人"，是否愿意实施标准化生产的主要诱因是能否增加规模收益。从另一个层面来说，实施标准化生产也是一种风险投资，农户扩大生产规模除了要兼顾当地资源禀赋、生态环境以及市场需求等因素之外，还要考虑标准化的预期收益是否高于正常生存水平收入。结合本书实地调研的情况，所调研地区山西省怀仁县的

园区化肉羊养殖户都是规模经营主体，由于大部分是短期育肥户，所以不涉及肉羊良种繁育环节。养殖户的肉羊养殖设施标准化建设、营养标准的知晓程度、防疫制度化、管理科学化等方面都已达到标准化生产的基本要求。但是，对于肉羊产业，扩大养殖规模的同时也面临着疫病风险，疫病风险同样影响标准化养殖的规模效益。在实际调研中发现，由于肉羊跨区调运所引发疫病的传播，已经导致了肉羊大规模的死亡，使得养羊户遭受巨大的经济损失。因此，农户进行标准化规模生产，实现规模效益最大化是重要的，但是由于规模扩大所引发的疫病风险也是需要慎重关注的因素。

五 肉羊屠宰加工标准化是提质增效的关键环节

肉羊屠宰加工是产业链的终端环节，直接联系市场和消费者。屠宰加工企业标准化的行为与动机来自消费市场的导向。屠宰加工环节一般分为原料肉的屠宰与分割、羊肉产品的加工与包装两个阶段，其标准化措施一般包括原料肉标准化、加工条件标准化、加工工艺标准化、产品包装标准化以及可追溯体系的建立。该环节标准化的目的，一是满足消费者对高品质、安全畜产品的要求；二是满足团体消费者（如餐饮企业）对高品质原料肉分割与加工的不同要求；三是通过对羊肉产品副产物的深加工，提高经济和生态效益。虽然屠宰加工环节是羊肉及其制品生产的关键环节，但是实现屠宰加工环节的标准化却面临着各种困难。比如羊源供给的不稳定，在屠宰旺季，羊源供给无论从"质"和"量"上都无法满足屠宰企业的满负荷运转，因此，我国多数大中型屠宰加工企业处于产能过剩、入不敷出的状态。再加上肉羊屠宰管理的缺位，私屠乱宰现象屡禁不止。因此，我国亟需出台各种屠宰加工标准化的指导性文件来规范和约束屠宰加工行业，提高屠宰加工企业标准化屠宰加工的意识。从行业角度推行标准化困难较多，但也有少数企业对推进行业标准化发挥着引领作用，比如内蒙古蒙都羊业食品有限公司，在推行标准化屠宰加工的基础上，注重实施羊肉产品品牌化战略，不仅确保了终端产品的质量与品质，而且获得了明显的经济、社会和生态效益。

六 肉羊产业标准化需要形成多方主体利益联结机制

我国肉羊产业标准化是产业升级、保障质量与提升效益、市场化与品牌化发展的需要。当然，肉羊产业标准化并非产业链单一环节的标准化，为了实现产业升级，减少"假羊肉"、"问题羊肉"事件发生，需要进行产业链的纵向整合，继而提高产业的竞争优势。我国肉羊产业标准化的实施需要政府引领、企业带动、科研单位帮助、合作社和农牧户共同参与，各相关主体在标准化实施过程中担任了不同的角色。鉴于标准的公共物品属性以及标准化所产生较为明显的收益外部化，政府应当成为标准化的推动者、投资者和监督者；当然标准化的推行离不开科学技术的支撑，科研单位成为先进技术的创造者和推广者；而企业、农民专业合作社和农牧户才是标准化生产的主体。以上各主体在肉羊产业标准化过程中，相互协调、相互作用，形成不同的利益联结机制，诸如政府主导型、龙头企业带动型和科研单位参与型，从而产生不同的实施效果，进而促进了肉羊产业标准化的发展。

第二节   主要政策建议

本书通过对肉羊产业链上的育种、饲料营养、生产、屠宰加工环节以及产业链整合视角下的标准化运行机理的理论和实证分析，得出具有借鉴与参考价值的六点结论。并以此为重要依据，根据我国肉羊产业标准化过程中所存在的主要问题，提出如下政策建议。

一   因地制宜，合理发展肉羊产业的适度规模化以及纵向一体化

针对我国肉羊养殖小而散的现实状况，发展适度规模不仅能够促进先进技术的采用、提高生产效率、增加羊肉产品供给，还有利于提升羊肉产品质量安全水平和增加产业效益。要解决肉羊产业链横向低组织化、分散经营的现实问题，需要积极扶持种养大户、家庭农场，鼓励肉羊基地化生产是实现产业链横向规模化的重要手段。同时，还要考虑资源承载力和肉羊产业可持续发展的现实需要，不能盲目规模化，应结合各地区资源禀赋、生态环境以及市场需求因地制宜地发展适度规模经营。此外，通过积极扶持龙头企业或农民专业合作社，实现对小规模分散经营养殖户的约束、监管与激励，加强各利益主体之间的纵向协作，鼓励诸如以公司为主导的"公司＋合作社＋农户"、"公司＋基地＋农户"的纵向一体化发展，推动标准化生产技术的普

及，降低标准化生产给农户带来较高的投入成本。

二　整合育种资源，建立完善的产学研合作机制

首先，应该充分发挥政府的协调统筹功能，我国的育种协会或组织还不完善，服务统筹功能比较弱，政府通过积累数据资源，收集肉羊品种遗传资源，建立育种信息共享平台，提供各种育种信息服务显得尤为重要。其次，以人工授精站或各地区畜禽改良站为技术载体，推广与普及先进的育种技术，也是加快肉羊改良速度，提高肉羊良种化率的重要途径。最后，针对我国目前种羊场和改良站技术设备落后、规模狭小、基础设施差等现状，国家或地区政府给予相应的政策或财政倾斜，从而稳定精液或胚胎生产，提高我国肉羊良种的供种能力。企业主导型的育种模式是一种比较流行的模式，但仍存在进一步优化的空间。对大中型育种企业来说，一是注重与科研单位的技术合作，任何育种企业的发展都离不开技术的支撑，协调好企业与科研单位之间的利益分配是实现产学研机制有效运行的前提。二是充分发挥企业自身资金、管理和市场推广优势，不断整合各种信息服务资源，联合育种专业合作社或育种农户共同参与，扩大肉羊良种基础群的数量，以实现企业良种扩繁的规模经济。

三　提高产品质量，建立健全肉羊相关标准及认证体系

规范肉羊良种市场秩序、优化饲草料资源、指导标准化生产、约束屠宰加工企业，不仅要有严格的法律法规，而且还要有相配套的品种鉴定、营养标准、标准化养殖管理制度以及屠宰操作规程与技术规范等标准体系。鉴于我国肉羊产业在育种、饲料营养、养殖、屠宰加工环节相关标准的缺乏，推进肉羊产业的标准化运作，应该建立健全相关的标准体系，使得各环节标准化运作有法可依。认证是推进和检验羊肉产品质量安全管理成效的重要措施，为了确保羊肉产品质量安全，还要积极推进肉羊标准化生产进行无公害农产品、绿色食品、有机食品、地理标志农产品以及 GAP、GMP、HACCP、ISO 9000 等系列食品质量安全体系认证，把肉羊标准化与发展名特优新羊肉产品结合起来。引入羊肉产品标准及认证体系是一个系统工程，政府需要建立配套的监督检查体系以及认证运作机构。通过政府检测机构、龙头企

业和农产品批发市场检验机构以及相应的检验手段，加强市场监管，打击以次充好等不法行为，保证标准化羊肉产品在市场上实现优质优价。

四　加大对养羊（场）户的技术培训，大力推广肉羊标准化生产

针对目前中国肉羊生产主体仍以老人、受教育程度较低的少数民族为主的现实，应加大对这一群体的技术培训，普及与推广标准化的相关技术和知识，提高生产主体的标准化意识。政府通过建立各种肉羊标准化示范区（场）项目吸引企业、专业合作社以及农（牧）户等主体多方参与，大力推行标准化适度规模养殖，共同推进标准化的实施。在养羊专业村、大中型养殖场建立健全标准生产规范，形成完善的科学管理制度，并抓好肉羊新品种繁育、饲料、防疫、粪污处理、生产管理、养殖技术推广六个方面的标准化工作，逐步实现肉羊产业"良种化、养殖设施化、生产规范化、防疫制度化、粪污处理无害化、监管常态化"的"六化"发展。

五　加强肉羊屠宰管理制度建设，推进羊肉品牌化发展

屠宰与加工是肉羊产业提质增效的关键环节之一，而对于肉羊屠宰管理，目前尚未形成单独的法律法规进行约束，执法部门监督管理不到位，处罚力度不够，许多地区都没有肉羊定点屠宰场，基本上各地区肉羊屠宰活动依然处于监管空白状况，私屠乱宰现象比较严重。因此，政府应出台相应的肉羊屠宰管理条例，制定相应的肉羊屠宰加工标准，规范与约束屠宰加工企业，建立健全各种肉羊检验检疫制度。同时，积极扶持大型屠宰加工企业进行品牌化建设，通过品牌宣传与品牌维护，提高企业的知名度与品牌信誉，增加企业的品牌效益。通过打造一批具有品牌影响力的企业，对我国整个肉羊产业的标准化发展起到引领和典型示范的作用，从而提升我国肉羊产业的国际竞争力。

六　完善政府监管机制，建设政策支持体系

根据我国羊肉产品生产经营的现状和特点，实现产业链各环节的标准化运作，政府要对羊肉产品质量安全监管结构进行一体化整合。

明确食品质量安全，在国家食品药品监管局牵头下，分别由农业部、质检部、卫生部和工商管理部门四个主要的部门实行环节管理，分工协作，进行"监管体系、监管机构、监管标准、监管手段"综合性一体化形式的监管整合。再者，政府进行监管和检测是对标准化实施效果的检验。建立质量信息可追溯制，也是降低监管成本和生产风险、保证产品质量的一种重要手段。政府应结合网络信息技术，建立产品信息可追溯系统来控制产品质量安全，实现对产品信息的追踪溯源，强化产业链上各主体在质量安全监管中的责任，通过信息的跟踪将质量安全风险降至最低，从而确保产业链上标准化实施主体生产信息的真实性。政府在标准制定、先进育种、饲料配制技术等公共物品提供方面承担了重要角色。政府应加强对肉羊良种补贴、投资育种、饲料配制、圈舍设计、防疫等方面的政策支持，还要对畜禽污染物处理、退耕还林还草、草原禁牧休牧、草畜平衡等进行财政补贴，将有助于减少农户和企业的利益损失或增加他们的收入，调动企业和农户参与标准化生产的积极性。

第三节　研究不足与展望

本书以规模经济、标准经济学等理论为指导，结合中国肉羊产业发展的实际，对肉羊新品种选育、饲料营养、养殖、屠宰加工各环节标准化的运行模式、实施绩效以及产业链整合下的标准化运行机理进行了深入分析，较系统地反映了标准化的动态过程，不仅从源头上确保了产品质量，而且标准化效益的体现也是多方面的。但是受主客观条件限制仍存在很多不足，首先，在肉羊标准化生产环节，本书在样本量和指标选取方面还需进一步完善，所选取的调研地区虽具有典型性，但研究结论并不一定具有普适性。其次，对于肉羊育种及营养标准化的分析，由于涉及较多应用技术以及跨学科方面的知识，有些甚至超出农业经济学的研究领域，分析可能略显薄弱。由于我们知识水平和研究时间有限，还未能对肉羊产业各环节标准化展开更加全面的研究。与肉羊产业体系其他技术岗位研究交叉学习与交流，把技术性研究成果与经济相结合的研究，将是今后肉羊产业标准化研究中重要的拓展方向。

参考文献

［1］ Ambale, B. and B. Verspagen, "The Role of Technology in Market Shares Dynamics", *Applied Economics*, No. 27, 1995, pp. 197 – 204.

［2］ András Nábrádi, Hajnalka Madai, "Risk and Risk Management in Hungarian Sheep Production", *Applied Studies in Agribusiness and Commerce*, 1992.

［3］ Arrow. K. , *Essays in the Theory of Risk Bearing*, *Markham*. Chicago, IL, 1970.

［4］ Bardhan, Pranab & Christopher Udry, *Development Microeconomics*, Oxford University Press, 1999.

［5］ Blind K. and E. Jungmittag A. , "The Impact of Patents and Standards on Macroeconomic Growth: a Panel Approach Covering Four Countries and 12 Sectors", *Journal of Productivity Analysis*, 29: 51 – 60 and vertical differentiation. *Journal of Industrial Economics*, 2008, 43: 101 – 119.

［6］ Blind, K. , *The Economics of Standards: Theory, Evidence, Policy*, UK: Edward Elgar Publishing Ltd. , 2004.

［7］ Brian S. Fisher and Charles A. Walla, "Supply Response in the Australian Sheep Industry: a Profit Function Approach", *Austrilian Journal of Agricultural Economics*, Vol. 34, No. 2, 1990, pp. 213 – 225.

［8］ Cao K. and Johnson R. , "Impacts of Mandatory Meat Hygiene Regulations on the New Zealand Meat Trade", *Australasian Agribusiness Review*, Vol. 14, No. 3, 2006, pp. 1 – 12.

［9］ Carter and P. D. Little, "Understanding and Reducing Persistent Poverty in Africa: Introduction to a Special Issue", *Journal of Development Studies*, Vol. 42, No. 2, 2006, pp. 167 – 177.

[10] Carter, M. R. , and & P. O. linto, "Getting Institutions Right for Who Credit Constraints and the Impact of Property Rights on the Quantity and Composition of Investment", *American Journal of Agricultural Economics*, Vol. 85, No. 1, 2003, pp. 173 – 186.

[11] Coase, R. H. , "The Problem of Social Cost", *Journal of Law and Economics*, 1960.

[12] Cohendet, P. and Steinmueller W. E. , "The Codification of Knowledge: a Conceptual and Empirical Exploiation", *Industrial and Corporate Change*, Vol. 9, No. 2, 2000, pp. 195 – 209.

[13] Duncan Anderson, Pau Keatley, What LFA Beef and Sheep Farmers Should Do and Why They Should Do It, The 83rd Annual Conference of the Agricultural Economics Society, Dublin, 2009.

[14] Enneking, U. , Obersojer, T. , Balling, R. , et al. , Enhancing the Aceeptance of Quality Systems by German Farmers: The Case of Quality Management and Quality Assurariee, Paper Presented at the 92nd EAAE Seminar, 2005.

[15] Ekiz B. , Ergul Ekiz E. , Yalcintan H. , et al. , "Effects of Suckling Length (45, 75 and 120 d) and Rearing Type on Cortisol Level, Carcass and Meat Quality Characteristics in Kivircik lambs", *Meat Science*, Vol. 92, No. 1, 2012, pp. 53 – 61.

[16] Farrell, J. and Saloner, G. , Competition, Compatibility and Standards, the Economics of Horses, Penguins and Lemming, in Gabel, H. L. (ed.), *Product Standardization and Competitive Strategy*, Amsterdam: North – Holland, 1987, pp. 1 – 21.

[17] Feame, A. , "The Evolution of Partnerships in the Meat Supply Chain: Insights from the British Beef Industry", *Supply Chain Management*, Vol. 3, No. 4, 1998, pp. 214 – 231.

[18] Gertler, P. J. , "A Latent – variable Model of Quality Determination", *Journal of Business & Economic Statistics*, Vol. 6, No. 1, 1988, pp. 97 – 104.

[19] Giovannueei, D. , Understanding Grades and Standards and How to Apply Them: A Guide to Developing Agricultural Markets and Agro – enterpri-

ses, http: //papers. ssrn. com/s013/ papers. cfm? abstraet.

[20] Giraud, E. &Soler, L. , "Private Labels and Public Quality Stand-ards: How Can Consumer Trust Be Restored after the Mad Cow Crisis?", *Quant Market* Econ, No. 4, 2006, pp. 31 –55.

[21] Glen D. , Whipple and Dale J. Menkhaus. , "Supply Response in the Us Sheep Industry", *American Agricultural Economics*, 1989, February.

[22] Henson S. and Loader R. , "Barriers to Agricultural Exports from Developing Countries: The Role of Sanitary and Phytosanitary Requirements (SPS)", *World Development*, Vol. 29, No. 1, 2001, pp. 85 – 102.

[23] Ian R. Wills, A. G. Lloyd, "Economic Theory and Sheep – Cattle Combinations", *Austrialian Journal of Agricultural Economics*, No. 6, 1973.

[24] Jones P. and J. Hudson, "Standardization and the Costs of Assessing Quality", *European Journal of Political Economy*, Vol. 12, No. 2, 1996, pp. 355 – 361.

[25] Katz M. L. , C. Shapiro, "Network Externalities, Competition and Compatilities", *American Economic Review*, No. 75, 1985, pp. 424 – 440.

[26] Keithly G. Jones, William F. Hahn and Christopher G. Davis, De-mand for U. S. Lamb and Mutton by Country of Origin: A Two – Stage Differential Approach, Paper Prepared for Presentation at the American Agricultural Econom-ics Association Annual Meeting, Montreal, Canada, 2003.

[27] Kindleberger, C. P. , "Standards as Public, Collective and Private Goods", *KYK – LOS*, Vol. 36, No. 5, 1983, pp. 377 – 396.

[28] Kirsten F. , A Transaction Cost Perspective on the Influence of Standards on Product Development: Examples from the Fruit and Vegetable Market, Danish Research Unit for Industrial Dynamics DRUID, Working Pa-per, 1996, No. 9.

[29] Kirumba. E. G. , Pinard. F. , Determinants of Famers' Compliance with Coffee Eco – certification Standards in Mt. Kenya region, 2010 AAAE Third Conference/AEASA 48th Conference, 2010.

[30] Knut Blind, *The Economics of Standards—Theory, Evidence, Poli-cy*, Beijing: China Standard Press, 2004.

[31] Kumbhakar, S. , "Estimation and Decomposition of Productivity

Change When Production is Not Efficient: A Panel Data Approach", *Econometric Reviews*, Vol. 19, No. 4, 2000, pp. 425 – 460.

[32] Laurian, J. U. & Helen, H. J., "HACCP as a Regulatory Innovation to Improve Food Safety in the Meat Industry", *American Journal of Agricultural Economics*, Vol. 78, No. 3, 1996, pp. 764 – 769.

[33] Leland H. E., "Quacks, Lemons, and Licensing: a Theory of Minimum Quality Standards", *Journal of Political Economy*, No. 87, 1979, pp. 1328 – 1346.

[34] Leland, H. E., Quacks, L., and Licensing, "A Theory of Minimum Quality Standards", *Journal of Political Economy*, Vol. 87, No. 3, 1979, pp. 1328 – 1346.

[35] Liebowitz S. J., Margolis S. E., "Network Externality: An Uncommon Tragedy", *Journal of Economic Perspectives*, No. 8, 1994, pp. 133 – 150.

[36] Lloyd Mckay, Denis Lawrence and Chris Vlastuin, "Input Demand and Substitution in the Austrilian Sheep Industry", *Review of Marketing and Agricultural Economics*, Vol. 48, No. 2, 1980.

[37] Michael Porter, *Competitive Advantage: Creating and Sustaining Superior Performance*, New York: The Free Press, 1985, pp. 33 – 61.

[38] Okello, Julius & Swanton, Scott, "From Circle of Poison to Circle of Virtue: Pesticides, Export Standards and Kenya's Green Bean Farmers", *Journal of Agricultural Economics*, No. 61, 2010.

[39] Philip E. T. Lewis, "Short – run Substitution in the Sheep and Beef Industries", *Austrilian Journal of Agricultural Economics*, Vol. 31, No. 3, 1987.

[40] R. G. Reynolds and B. Gardiner, "Supply Response in the Australian Sheep Industry: a Case for Disaggregation and Dynamics", *Austrilian Journal of Agricultural Economics*, 1980.

[41] Reardon, T., Codron, J. M., Buseh, L. J., et al., Changing Strategic Roles of Food and Agricultural Standards for Agrifood Industries, Selected Paper Presented at the International Food and Agribusiness Management Association World.

［42］ Sasha. A. , Love. A. H. , Schwartz R. , "Adoption of Emerging Technologies under Output Uncertainty", *Agricultural Economic*, No. 76, 1994, pp. 820 – 843.

［43］ Shapiro, C. and Varian, H. R. , "The Art of Standards Wars", *California Management Review*, Vol. 41, No. 2, 1999, pp. 8 – 32.

［44］ Spence, M. , "Job Market Signaling", *The Quarterly Journal of Economics*, Vol. 87, No. 3, 1973, pp. 355 – 374.

［45］ Spencer H. , Georgina H. , "Exploring Incentives for the Adoption of Food Safety Controls: HACCP Implementation in the UK Dairy Sector", *Review of Agricultural Economics*, No. 2, 2002, pp. 407 – 420.

［46］ Stigler, George J. , "The Economics of Information", *Journal of Political Economy*, Vol. 69, No. 3, 1961, pp. 46 – 67.

［47］ Stuart Mounter, Garry Griffith, Composition of the National Sheep Flock and Specification of Equilibrium Prices and Quantities for the Australian Sheep and Wool Industries, 2002 – 03 to 2004 – 05, Economic Research Report No. 37, NSW Department of Primary Industries, Armidale, December, 2007.

［48］ Swann, Peter, Standardization, Innovation and Wealth Creation: an Economist's Perspective, Conference Paper Held in Berlin, which entitled "Innovation and Market Access through Standards", March, 2007.

［49］ Swann G. M. P. , *The Economics of Standardization*, Directory Department of Trade and Industry, Manchester: University of Manchester, 2000.

［50］ Tassey, G. , "Standardization in Technology – based Markets", *Research Policy*, Vol. 29, No. 4 – 5, 2000, pp. 587 – 602.

［51］ Tellioglu I. , *Implications of Food Safety and Quality Standards: Insights from Turkish Tomato Exports*, Pennsylvania: The Pennsylvania State University, 2011.

［52］ Temple P. et al. , The Empirical Economics of Standards, The Department of Trade and Industry (DTI), Economics Paper, No. 12, 2005.

［53］ Teke B. , Akdag F. , "The Effects of Age of Lamb and Parity of Dam and Sex and Birth Type of Lamb on Suckling Behaviours of Karayaka Lambs", *Small Ruminant Research*, Vol. 103, No. 2 – 3, 2012, pp. 176 – 181.

［54］Turner, C. R. , Ortmann, G. F. & Lyne, M. C. , "Adoption of ISO Quality Assurance Standards by South African Agribusiness Firm", *Agribusiness*, Vol. 16, No. 3, 2000, pp. 295 – 300.

［55］Vuylsteke, A. , Collet, E. , Van Huylenbroeck, G. , et al. , Exclusion of Farmers as a Consequence of Quality Certification and Standardization, Paper Presented at the 83rd EAAE Seminar, 2003.

［56］Warning M. , Key N. , "The Social Performance and Distributional Consequences of Contract Farming: An Equilibrium Analysis of the Arachnid Boucle Program in Senegal", *World Development*, No. 30, 2002, pp. 255 – 263.

［57］WTO, World Trade Report 2005: Exploring the Links between Trade, Standards and the WTO, 2005.

［58］Zulfifly M. I. , "An Investigative Study into the Hazard Analysis of Critical Control Point（HACCP）Implementation in the Small and Medium – Sized Food Manufacturing Enterprises（SMEs）", *Interdisciplinary Journal of Contemporary Research in Business*, Vol. 1, No. 9, 2010, pp. 46 – 69.

［59］马歇尔:《经济学原理》(上卷),中国商务出版社2005年版。

［60］毕于运、高春雨、王亚静、李宝玉: 《中国秸秆资源数量估算》,《农业工程学报》2009年第12期。

［61］常春凤:《政府干预经济的调控边界》,《经济论坛》2006年第7期。

［62］陈松、钱永忠、王芳: 《农业标准化实施模式及推进政策研究》,《农产品质量与安全》2010年第5期。

［63］城南:《农业标准化离中国农民有多远》,《中国信息报》2007年第7期。

［64］单达聪、熊六飞:《全混合日粮新技术舍饲肉用绵羊效果的研究》,《现代农业科技》2007年第24期。

［65］邓蓉、张存根、郭爱云:《中国肉羊生产与贸易的现状及其发展对策》,《北京农学院学报》2006年第3期。

［66］丁卫国:《西方经济学原理》,上海人民出版社2008年版。

［67］弗兰克·艾利思:《农民经济学》(第二版),上海人民出版社2006年版。

[68] 傅晓霞、吴利学：《技术效率、资本深化与地区差异——基于随机前沿模型的中国地区收敛分析》，《经济研究》2006 年第 10 期。

[69] 高国盛：《农业标准化研究综述》，《广东农业科学》2009 年第 6 期。

[70] 高燕、杨名远：《农业家庭经营的交易特征、交易费用与农业产业化》，《新疆农垦经济》1998 年第 3 期。

[71] 耿宁、李秉龙：《中国肉羊生产技术效率的影响因素及其区域差异分析——基于随机前沿分析方法》，《技术经济》2013 年第 12 期。

[72] 耿宁、李秉龙：《我国肉羊良种培育与推广现状、问题与对策分析》，《中国草食动物科学》2014 年第 8 期。

[73] 耿宁、李秉龙：《产业链整合视角下的农产品质量激励：技术路径与机制设计》，《农业经济问题》2014 年第 9 期。

[74] 耿宁、李秉龙、王士权：《我国肉羊种业发展的运行机理研究》，《农业现代化研究》2014 年第 6 期。

[75] 耿宁、李秉龙、叶云：《关于农业标准化的发展动因、理论来源及经济效应的研究进展》，《科技与经济》2014 年第 2 期。

[76] 耿宁、李秉龙：《基于利益博弈的农业标准化生产行为分析——以"龙头企业＋农户"模式为例》，《农村经济》2013 年第 8 期。

[77] 巩惠：《农业标准化与农民增收的实证研究》，硕士学位论文，南京农业大学，2007 年。

[78] 郭慧伶、鲁再平：《我国农业标准化理论研究综述》，《经济纵横》2003 年第 5 期。

[79] 郭慧玲：《从交易成本理论看农业标准化》，《科技进步与对策》2005 年第 9 期。

[80] 何坪华、杨名远：《我国农业家庭经营市场交易成本的制约因素和中介组织研究》，《农业经济问题》1999 年第 5 期。

[81] 侯俊军：《标准化与中国对外贸易发展研究》，博士学位论文，湖南大学，2009 年。

[82] 胡定寰、陈志刚、孙庆珍等：《合同生产模式对农户收入和食品安全的影响——以山东苹果产业为例》，《中国农村经济》2006 年第 11 期。

[83] 黄少鹏：《农业标准化的经济学探讨》，《农业标准化》2008 年

第 1 期。

[84] 贾艳:《我国农业产业化生产经营模式研究》,博士学位论文,重庆大学,2009 年。

[85] 金爱民:《农业标准化作用与机理研究》,博士学位论文,上海交通大学,2011 年。

[86] 金海、薛树媛、王海荣等:《含黄腐酸复合添加剂对肉羊生产性能的影响》,《饲料工业》2012 年第 3 期。

[87] 靳拥军:《完善我国农业标准化建设对策刍议》,《生产力研究》2010 年第 9 期。

[88] 柯炳生:《提高农产品竞争力:理论、现状与政策建议》,《农业经济问题》2003 年第 2 期。

[89] 李秉龙、夏晓平:《中国肉羊产业发展动力机制研究》,中国农业科学技术出版社 2012 年版。

[90] 李秉龙、李金亚:《我国肉羊产业的区域化布局、规模化经营与标准化生产》,《中国畜牧杂志》2012 年第 2 期。

[91] 李瑾:《基于畜产品消费的畜牧业生产结构调整研究》,博士学位论文,中国农业科学院,2008 年。

[92] 李桃:《农户参与农业标准化生产行为研究》,硕士学位论文,四川农业大学,2012 年。

[93] 李鑫、林晓丽、徐长兴等:《中国农业标准化实施模式与途径研究——农业标准化案例与运行机制》,《西北农林科技大学学报》(社会科学版) 2009 年第 9 期。

[94] 李增福:《政府推动农业标准化的职能定位》,《经济问题》2007 年第 12 期。

[95] 李忠海:《加强标准化建设促进国民经济健康快速发展》,《中国质量技术监督》2003 年第 10 期。

[96] 梁红卫:《农民专业合作社是推行农业标准化的重要依托》,《科学管理研究》2009 年第 6 期。

[97] 刘春龙、孙海霞、李长胜:《我国肉羊产业发展对策》,《中国生态农业学报》2005 年第 1 期。

[98] 刘辉等:《农业技术扩散的因素和动力机制分析——以杨凌农业示范区为例》,《农业现代化研究》2006 年第 3 期。

［99］刘晓利、于德运：《农业标准化推广模式分析及选择》，《社会科学战线》2012 年第 8 期。

［100］刘玉满：《我国肉羊业发展应深入产业化经营面向产业化转变》，《农村养殖技术》2008 年第 4 期。

［101］罗敏、李旭：《农产品质量安全的博弈分析》，《安徽农业科学》2010 年第 24 期。

［102］马恒运、唐华仓：《中国牛奶生产的全要素生产率分析》，《中国农村经济》2007 年第 2 期。

［103］马克思、恩格斯：《马克思恩格斯全集》，人民出版社 1956 年版。

［104］毛丰付：《标准竞争与竞争政策》，上海三联书店 2007 年版。

［105］农业部农村社会事业发展中心组：《农业标准化理论与实践》，中国农业出版社 2011 年版。

［106］彭华：《我国肉羊生产存在的问题及发展趋势》，《当代畜牧》2007 年第 5 期。

［107］彭秀芬：《中国原料奶的生产技术效率分析》，《农业技术经济》2008 年第 6 期。

［108］钱永忠：《农业标准化与农产品质量安全》，《齐齐哈尔日报》2007 年第 3 期。

［109］桑德斯：《标准化的目的与原理》，科学技术文献出版社 1972 年版。

［110］石国庆、任航行、柳楠：《欧洲肉羊生产及国内发展现状》，《新疆农垦科技》2007 年第 1 期。

［111］舒尔茨：《改造传统农业》，商务印书馆 1987 年版。

［112］宋明顺、王晓军、方兴华：《标准化在农业合作经营中的作用分析——以浙江省为例》，《农业经济问题》2007 年第 4 期。

［113］孙东升：《我国饲料产业发展现状及发达国家和地区饲料产业发展的经验借鉴》，《饲料研究》2003 年第 8 期。

［114］孙晓霞：《东北地区农业产业化组织模式研究》，博士学位论文，吉林大学，2008 年。

［115］王芳、陈松等：《农户实施农业标准化生产行为的理论和实证分析——以河南为例》，《农业经济问题》2007 年第 12 期。

［116］王桂霞、霍灵光、张越杰：《我国肉牛养殖户纵向协作形式选择的影响因素》，《农业经济问题》2006 年第 8 期。

［117］王慧敏、乔娟：《农户参与食品质量安全追溯体系的行为与效益分析——以北京市蔬菜种植农户为例》，《农业经济问题》2011 年第 2 期。

［118］王凯、谢小来、王长平：《秸秆加工处理技术的研究进展》，《中国畜牧兽》2011 年第 10 期。

［119］王可山：《中国畜产食品质量安全的市场主体与监管机制研究》，博士学位论文，中国农业大学，2008 年。

［120］王明利：《畜牧业增长方式转变：现实评价与实现对策》，《农业经济问题》2007 年第 8 期。

［121］王明琴：《加入 WTO，必须建立我国农业标准化制度》，《学术交流》2001 年第 5 期。

［122］王翔：《影响农业生产合作社实施农业标准化行为的因素研究——以浙江蔬菜生产合作社为例》，硕士学位论文，浙江大学，2008 年。

［123］王艳花：《陕西农业标准化经济效应研究》，博士学位论文，西北农林科技大学，2012 年。

［124］王征：《标准化基础概论》，技术标准出版社 1981 年版。

［125］温铁军、姜伯林：《重构"服务三农"的金融体系》，《中国农村信用合作》2007 年第 10 期。

［126］乌达巴拉等：《国内外肉羊生产发展现状》，《养殖与饲料》2008 年第 2 期。

［127］吴建尼玛、王月英、杨葆春：《我国肉羊业生产现状与发展对策分析》，《中国畜禽种业》2008 年第 15 期。

［128］西奥多·W. 舒尔茨：《改造传统农业》，商务印书馆 1999 年版。

［129］夏晓平、李秉龙、隋艳颖：《中国肉羊生产的区域优势分析与政策建议》，《农业现代化研究》2009 年第 6 期。

［130］夏晓平、李秉龙：《品牌信任对消费者食品消费行为的影响分析——以羊肉产品为例》，《中国农村观察》2011 年第 4 期。

［131］熊明华：《基于公共产品理论的农业标准化推广模式选择》，

《农业标准化》2009 年第 2 期。

［132］许庆、尹容梁、章辉：《规模经济、规模报酬与农业适度规模经营——基于我国粮食生产的实证研究》，《经济研究》2011 年第 3 期。

［133］许越先：《加速农业标准化进程实施农产品安全性生产》，《农业技术经济》2002 年第 6 期。

［134］闫秋良、金海国、赵云辉：《不同精粗比全混合日粮对育肥羔羊屠宰性能及肉品质的影响》，《吉林农业科学》2010 年第 6 期。

［135］杨汉明、李铜山、张明勤：《论中国农业标准化体系建设》，《中州学刊》2001 年第 4 期。

［136］杨军：《我畜牧业增长与技术进步、技术效率研究》，硕士学位论文，中国农业科学院，2003 年。

［137］叶柏林：《标准化经济效果基础》，中国标准出版社 1983 年版。

［138］于冷：《对政府推进实施农业标准化的分析》，《农业经济问题》2007 年第 9 期。

［139］约翰·穆勒：《政治经济学原理》（上卷），商务印书馆 1991 年版。

［140］张德鹏：《我国肉羊产业面临问题与对策》，《畜牧兽医杂志》2007 年第 3 期。

［141］张红岗、史卫平、王富中：《颗粒化全混合日粮对舍饲羔羊生产性能的影响》，《山西农业科学》2011 年第 5 期。

［142］张洪程、高辉等编：《农业标准化原理与方法》，中国农业出版社 2002 年版。

［143］张立中：《肉羊生产及贸易趋势与中国牧区肉羊业》，《世界农业》2005 年第 3 期。

［144］张莉侠、刘荣茂、孟令杰：《中国乳制品全要素生产率变动分析——基于非参数 Malmquist 指数方法》，《中国农村观察》2006 年第 6 期。

［145］张林秀、徐晓明：《农户生产在不同政策环境下行为研究——农户系统模型应用》，《农业技术经济》1996 年第 4 期。

［146］张庆霞、谢榜雄、宋乃平：《农户生产模式选择机制》，《宁夏工程技术》2009 年第 2 期。

［147］张征：《标准化动力的初步经济学分析》，《中国标准化》2003年第12期。

［148］赵荣、乔娟：《农户参与蔬菜追溯体系行为、认知和利益变化分析——基于对寿光市可追溯蔬菜种植户的实地调研》，《中国农业大学学报》2011年第3期。

［149］张林秀、徐晓明：《农户生产在不同政策环境下行为研究——农户系统模型的应用》，《农业技术经济》1996年第4期。

［150］赵有璋：《羊生产学》，中国农业出版社2011年版。

［151］赵有璋：《中国肉羊产业现状及发展建议》，《新农业》2009年第3期。

［152］赵卓、于冷：《农产品质量分级与消费者福利：原理、现实及政策含义》，《农业经济问题》2009年第1期。

［153］郑长德：《博弈论及其在经济管理中的应用》，电子科技大学出版社2009年版。

［154］钟荣珍、房义：《糟渣类饲料的开发现状和在动物生产中的应用》，《饲料工业》2010年第1期。

［155］钟真、孔祥智：《产业组织模式对农产品质量安全的影响：来自奶业的例证》，《管理世界》2012年第1期。

［156］周冬娥：《论农业产业化与农业规模经济》，《湖南农业大学学报》（社会科学版）2002年第6期。

［157］周洁红、刘清宇：《基于合作社主体的农业标准化推广模式研究》，《农业技术经济》2010年第6期。

［158］周应恒等：《现代食品安全与管理》，经济管理出版社2008年版。

［159］朱彤：《网络效应经济理论》，中国人民大学出版社2004年版。

［160］朱玉春、郭江：《陕西畜牧业技术进步状况的实证分析：1984—2004年》，《西南农业大学学报》（社会科学版）2006年第3期。

［161］乔娟、张宏升：《论农业产业带建设与提升农产品竞争力》，《农业经济问题》2004年第12期。

附　录

调查地点：＿＿＿＿乡/镇＿＿＿＿村；　　手机（固定电话）：
＿＿＿＿＿

调查时间：＿＿＿＿　调查员：＿＿＿＿编号：＿＿＿＿

农户肉羊养殖行为调查问卷

您好！我们是"国家现代肉羊产业技术体系"的调查员，正在进行肉羊标准化养殖情况的研究。本问卷采取不记名的方式填写，我们保证将您提供的信息仅用作学术研究，不会对您产生任何不利影响。您的回答对我们的研究非常关键，请您按照您的真实情况填写这份问卷。衷心感谢您的支持与配合！

一　家庭基本情况

1. 您的年龄为＿＿＿岁；性别为：①男　　②女；
您的民族为：①汉族　　②回族　　③其他

2. 您的文化程度为＿＿＿＿
①小学及以下 ②初中 ③高中/中专/职高/技校 ④大学及以上

3.2013 年您的家庭纯收入为＿＿＿＿＿元，其中肉羊养殖纯收入为＿＿＿＿元

2012 年您的家庭纯收入为＿＿＿元，其中肉羊养殖纯收入为＿＿＿元

4. 您家收入从多到少依次来源于＿＿＿＿
①养羊收入　　　　②种植业收入　③打工收入
④非农业经营收入　⑤其他

5. 您为什么选择养羊？＿＿＿（可多选）
①近年来养羊比较赚钱　②同村很多人都养　③政府号召
④有养羊的习惯　　　　⑤其他＿＿＿（请写出）

6. 您养羊多久了？____年

7.（1）您家总人口为____人，从事肉羊养殖有____人，外出务工__
__人。

（2）您家雇用的劳动力____人，月平均工资为____元；（若有雇佣劳
动力请答第 8、9 题，否则跳至第 10 题）。

8. 如果有，受雇者来自：

①本村　②本镇其他村 ③本旗/县其他乡镇　④其他

9. 受雇者是否有肉羊饲养经验？____①有　②没有

10. 您家是否有村干部、政府官员、公务员等？____①是　②否

您是否有外出打工经历？____①是　②否

您家人是否有从事畜牧技术推广工作？____①是　②否

11. 您家庭的主要支出项目____（可多选）

①生产性支出　②教育和培训支出　③税费支出

④生活消费（医疗）支出　　　　　⑤其他

12. 你获得肉羊养殖信息的渠道是____（可多选）

①书籍和媒体　②政府或畜牧站　③合作社或企业

④亲朋好友　　⑤其他

13. 您对肉羊标准化养殖的认知程度____

①非常了解　②比较了解 ③听说过　④从未听说

二　农户生产要素投入情况

1. 您家羊的饲养方式是____

①舍饲　②半舍饲半放牧　③放牧

2. 你的养殖设施是否满足下列情况：（在对应的地方打"√"）

	是	否
远离主干道 500 米但运输方便		
地势较高，排水量良好，通风干燥，向阳透光		
水源稳定，水质良好		
电力供应充足		

续表

	是	否
远离居民区至少500米以外		
生活区、生产区与粪污处理区相隔离		
排水排污设施完善		
母羊舍、羔羊舍、育成舍、育肥舍相分开		
你家养殖区是否有消毒池		
你家羊舍内是否有专用饲槽		
你家羊舍内是否有自动饮水器		

3. 您家羊的经营方式是____

①集中育肥（答4—5题）　②自繁自养（答6—7题）③二者都有

4. （1）您如何购买育肥羔羊？____

①委托别人代买　　②同有经验人一起去　③自己去买

④合作社、协会代买　⑤其他

（2）您购买的羔羊主要来自哪里？____

①农区　　②牧区　　③两者都有

（3）2013年购进育肥羔羊____只，每只平均体重____公斤，每只__元

5. 您家羊集中育肥的时间为____

①两个月　②两个半月　③三个月　④三个月以上

6. 您饲养的肉羊品种主要是____

①小尾寒羊　②小尾寒羊与本地羊杂交　③萨福克与本地羊杂交

④无角陶赛特与本地杂交　　　　　⑤其他

2013年，你家共饲养肉羊____只，总共出栏肉羊____只，出栏____次

7. 从羔羊出生到可出售屠宰的时间是____

①六个月及以下　②七个月　③八个月　④九个月及以上

8. 您家肉羊的繁殖方式____

①本交　②人工授精　③两者结合

9. 接上题，如果进行人工授精，您采用什么方式进行？_____（可多选）

①自己或家人就能完成此技术　②需要找畜牧兽医人员

③找邻居或养殖大户帮忙　　　④合作社有专门人负责

⑤企业有专门人员负责　　　　⑥其他____（请写出）

10. 您家母羊的来源主要是_____；你家的种公羊主要来自_____

①从自家产的羔羊中选留 ②从种养场购买 ③从市场或养羊户购买

④政府送⑤从企业购买 ⑥合作社串换 ⑦ 其他

11. 您家养羊所用饲草料主要有_____（可多选）

①牧草　②玉米　③麸皮　④豆粕、豆饼　⑤玉米、小麦秸秆

⑥葵花皮、葵花粕、葵头粉　⑦青贮玉米　⑧番茄皮青贮

⑨酒糟　⑩全混日粮　⑪其他

12. （1）您家牧草来源于_____

①外购　　②自产　　③外购为主，自产为辅

④自产为主，外购为辅

（2）您牧草外购的获得方式：①送货上门 ②自运

（3）牧草的购买对象是_____

①大型饲料企业　②通过合作社、协会　③一般市场　④其他农户

（4）2013 年购进牧草____ 公斤，平均价格为____ 元/公斤。

13. （1）您家秸秆来源于_____

①外购　　②自产　　③外购为主，自产为辅

④自产为主，外购为辅

（2）您秸秆外购的获得方式_____①送货上门　②自运

（3）秸秆的购买对象是_____①大型饲料企业　②一般市场　③其他农户

（4）2013 年购进秸秆____ 公斤，平均价格____ 元/公斤。

14. （1）您家精饲料来源于_____

①外购　②自产　③外购为主，自产为辅　④自产为主，外购为辅

（2）外购的获得方式_____

①送货上门　　②自运

（3）购买对象是_____

①大型饲料企业　②通过合作社、协会　③一般市场　④其他农户

（4）2013 年购进精饲料____ 公斤，平均价格____ 元/公斤

15. 为保证购买的饲草料质量，您选择的依据是_____ （可多选）

①凭经验购买 ②通过协议或合同约定 ③饲料企业的品牌或信誉
④其他

16. （1）2013 年您家养羊资金中自有资金占_____ %，贷款占__
__ %

（2）如果有贷款，那取得贷款的途径和利率是_____ （可多选）

①信用社 ②商业银行 ③合作社、协会 ④亲友等熟人

⑤高利贷 ⑥其他

17. 您家养羊基础设施投入情况

项目	数量	面积	造价（元）	购买/修建时间	获得补贴（元）
羊舍（暖棚）	栋	m²			
普通棚圈	个	m²			
运输车辆	台				
饲草收割机械	台				
饲草粉碎机	台				
颗粒饲料机	台				
青贮窖	个	m²			

三　农户标准化养殖情况

1. 你对肉羊育肥营养标准知晓程度有多大？ _____

①完全知道 ②基本知道 ③知道一些 ④完全不知道

2. 你家肉羊育肥所用的饲料搭配方式主要是_____

①全价混合日粮 ②青贮 ③饲草为主，精料为辅

④精料为辅，饲草为辅

3. 你家饲养的羊日增重大约多少克？ _____

①150 克以下 ②150—200 克 ③200—250 克

④250—300 克 ⑤300 克以上

4. 根据你所饲养的羊营养需要，你认为你的饲料配方还有多大改进余地？ _____

①很大　②较大　③较小　④不需要

5. 你买羊时，是否索要动物检疫合格证明？ _____

①是　　②否

6. 你是否参加过肉羊养殖技术培训？ _____

①是　　②否（直接跳到第 8 题）

每年平均参加几次？①1 次 ②2 次 ③3 次 ④4 次及以上

7. 接上题，如果回答是，你及家人所接受过的技术培训主要有 _____（可多选）

①育种繁殖技术　②疾病防治技术　③饲草种植技术　④舍饲技术

⑤饲料配制技术　⑥粪污处理技术　⑦其他技术

8. 你是否建立养殖档案？ _____

①有　　②没有

9. 以下标准化体系您听说过哪些？ _____（多选题）

①绿色农产品标准　②无公害农业标准　③有机农业标准

④地理标志标准　⑤ISO 9000 系列　⑥GAP（良好农业操作规范）

⑦GMP（良好操作规范）　⑧HACCPP（危害分析和关键控制点）

⑨QS　　⑩其他（请注明）

10. 您在养殖过程中是否使用了相关生产标准或生产规范章程？ _____

①是（回答第 11、12 题）②否（直接跳到第 13 题）

11. 接上题，如果是，您哪年开始使用这些标准的：_____年。

您都使用了哪些生产标准或生产（养殖）规范章程（请写出）。

12. 您获得生产标准或标准化生产技术规程的来源主要是_____（可多选）

①企业　②合作社　③协会　④养殖大户　⑤政府组织培训或指导

⑥电视、书刊、互联网　⑦自己的经验　⑧学习周围农户　⑨收购商

13. 您未使用相关标准或生产规范章程进行养殖的原因是_____（可多选）

①对标准不够了解　②标准操作太烦琐　③标准操作难度大

④按标准操作成本太高 ⑤不能得到及时指导 ⑥监管不严

14. 您饲养的肉羊是否戴有耳标？ _____

①全都有 ②大多数有 ③一半有 ④少数有 ⑤全都没有

15. 您对禁用饲料添加剂和兽药规定的了解程度如何？ _____

①很不了解 ②不太了解 ③一般 ④比较了解 ⑤非常了解

16. 您是否建有防疫档案？ _____

①是 ②否

您饲养的羊是否进行定期防疫？ _____

①是 ②否

17. 您及家人是否有过人畜共患病（结核病、布氏杆菌病等）的经历？ _____

①是 ②否

18. 近一年来肉羊养殖的疫病发生情况 ____

①没有发生任何疫病 ②出现了轻微疫病 ③发生了较大规模疫病

19. 如果羊发生疫病，您的主要解决途径？ _____ （可多选）

①自己解决 ②找畜牧兽医站兽医 ③找合作社或合同企业兽医
④其他

20. 接上题，如果自己解决，您使用的兽药来源？ _____ （可多选）

①兽药店 ②兽医站 ③兽医人员 ④合同公司
⑤合作社 ⑥其他

21. 2013 年您家羊死亡_____只；生过大病的羊有_____只。

羊死亡之后的处理方式是：①卖掉 ②吃掉 ③掩埋 ④扔掉

22. 当外人来参观您的羊舍时，您的做法是_____

①简单看看也不阻拦 ②消毒后才让看 ③不好意思拒绝 ④不允许看

23. 您家的羊舍还附建有沼气池吗？ _____

①是（回答第 24 和 25 题） ②否（跳到第 26 题）

24. 如果建有沼气池，是否得到政府补贴？ _____

①是 ②否 政府补贴了_____元；

25. 您家的沼气池_____

①一直在用 ②经常使用 ③偶尔使用 ④从来没用

26. 您家羊粪的处理方式是_____

①投入沼气池　②上到自家地里　③卖掉　④赠予他人使用
⑤不作处理，一直在堆放

27. 如果羊粪卖掉，出售的价格是每吨_____元，每次出售的数量__
____吨。

28. 您进行标准化养殖的效果情况（在对应的地方打"√"）

	不明显	不太明显	一般	比较明显	非常明显
提高了劳动效率					
提升了羊肉质量和安全性					
增加了毛重					
缩短了出栏周期					
增加了养殖收入					
销路更好					
带动了周边产业发展					
学到了新的养殖技术					
提高了农民的标准化意识					
改良了品种					

29. 您是否愿意扩大养殖规模？_____
①愿意（回答第26题）②不愿意（回答第27题）

30. 愿意扩大养殖规模的主要原因是？_____（可多选）
①很赚钱 ②家里还有剩余劳动力 ③还有闲置的土地资源
④还有充足的放牧地或饲草料　⑤还有部分闲钱
⑥政府支持力度加大　⑦没别的出路，扩大规模也是不错的选择
⑧其他

31. 不愿意扩大养殖规模的主要原因是？_____（可多选）
①养羊不赚钱　②缺乏资金　③缺乏养殖用地　④劳动力不足
⑤饲草料不足　⑥干别的更赚钱　⑦疫病存在的风险很大
⑧其他（请写出）

四　农户参加产业链情况

1. 您的肉羊养殖模式是_____

①家庭式小规模散养（直接跳到第 4 题）

②加入专业合作社（直接回答第 2 题）

③和企业合作，订单养殖（直接回答第 3 题）

④养殖小区式　　⑤基地＋农户

2. 接上题，您加入合作社的名称是_____

（1）您加入的合作社进行了如下哪些服务？_____（可多选）

①进行疫病防治服务、养殖技术指导　②统一销售商品羊

③种羊串换　　　　④统一购买饲料、兽药等农用物资

⑤对商品羊进行质量检测　⑥制定养殖技术规程或标准

⑦其他（请写出）

（2）您加入合作社后，是否获得过资金支持？_____（可多选）

①获得过政府资金支持 ②获得过合作社资金支持 ③没获得过

（3）您对加入的合作社是否满意？_____

①很满意　　②较满意　　③不满意

（4）您以后是否会继续加入该类生产模式？_____

①是　　②否

3. 与您合作的企业名称是_____

（1）您是否与企业签订过购销合同？_____

①是　　②否

（2）合同规定的期限一般为_____年，合同中规定企业有哪些服务？_____（可多选）

①无　②提供饲料　③提供养殖小区　④提供防疫服务

⑤上门收羊　⑥其他

（3）合同中规定的收购价格是_____元/斤；收购数量_____只；羊只的重量_____千克；

是否规定事先支付订金？_____①是　②否

是否有违约处罚或赔偿条款_____①是　②否

（4）您与企业签订合同得到了哪些好处？_____（可多选）其中最

大的好处是_____

①技术指导　②疫病咨询服务　③降低了销售费用

④提高了销售价格　⑤降低了市场价格的波动风险

⑥其他（请填写）

（5）您对于企业签订合同这种方式满意程度？_____

①非常满意　②比较满意　③一般　④不满意　⑤非常不满意

（6）在您与企业的交易过程中是否有一定的讨价还价能力？_____

①完全没有　②基本没有　③不能确定　④基本有　⑤很有能力

4. 您销售肉羊的主要方式是？_____（若选择①②选项答第5题；若选择③④选项答第6题）

①自己到市场上销售　②在家卖给羊贩子　③直接卖给屠宰场

④卖给合作社

5. 您选择市场或羊贩子的原因是？_____（可多选）

①可以卖上高价　②因为养殖规模小，企业不愿与我签合同

③我不愿意与企业签合同　④其他

6. 您选择卖给屠宰企业或合作社的主要原因是？_____（可多选）

①可以买上高价　②可以锁定价格风险　③企业更讲信誉　④其他

7. 您是否能及时知道肉羊市场价格信息？_____

①是　　②否

8. 您一般获得肉羊市场价格信息的渠道是？_____（可多选）

①肉羊交易市场　　②邻居　③羊贩子　④合作社

⑤屠宰加工企业　　⑥广播、电视及网络　⑦报纸杂志

⑧政府相关部门　　⑨其他

9. 您在销售肉羊前一般了解几次活羊价格信息？_____

10. 您在销售肉羊时，活羊收购方一般来自何处？_____

①本地　②外地　③不清楚

11. 您在销售肉羊时，收购方对不同等级的羊是否采取不同价格？_____

①全部是　②大部分是　③小部分是　④否

12. 您在销售肉羊时，收购方是否会做简单的检验？_____（比如剔除某个部位等）

①是　②否

13. 通常情况下，收购方采取什么样的付款方式？＿＿＿＿
①现金　②赊账　③其他

五　肉羊饲养的政策环境

1. 您在养羊过程中享受到了哪些政策优惠？＿＿＿＿（多选排序）
①种公羊补贴　②人工授精补贴　③建羊舍补贴　④种草补贴
⑤建青贮窖补贴　⑥畜牧机械补贴　⑦贷款贴息　⑧饲养技术培训
⑨重大疫病预防　⑩其他

2. 2013 年您家养羊获得政府各项补贴总计大约为＿＿＿＿元

3. 您对下列政府政策的满意程度是？（请在对应处打"√"）

	非常不满意	不太满意	一般	比较满意	非常满意
（1）种公羊补贴					
（2）人工授精补贴					
（3）建羊舍补贴					
（4）种草补贴					
（5）建青贮窖补贴					
（6）畜牧机械补贴					
（7）饲养技术培训					
（8）重大疾病防控					
（9）放牧限制					
（10）建羊舍土地许可					

4. 您对政府提供的下列服务的需求程度如何？（请在对应处打"√"）

	不需要	不太需要	一般	比较需要	非常需要
（1）品种改良					
（2）繁殖技术					
（3）疫病防治技术					

	不需要	不太需要	一般	比较需要	非常需要
（4）舍饲技术					
（5）饲料配制技术					
（6）牧草种植技术					
（7）粪污处理技术					
（8）贴息贷款					
（9）提供饲养场地					
（10）市场价格信息					

后 记

在 20 余年的农产品国际竞争力和质量安全管理研究过程中，农业标准化逐渐地进入了我们的视野。作为"十一五"国家重点图书出版项目，乔娟教授主编出版的《农业标准化知识读本》，使我们对农业标准化第一次有了比较全面深入的认识。在我们对基于质量和效益的生猪、肉牛、肉鸡、乳业等产业链优化研究当中，逐渐地认识到有必要对农业标准化进行农业经济与政策的研究。同时，国家肉羊产业技术体系也把"肉羊标准化养殖关键技术研究"作为"十二五"期间的重点研究任务。于是我们在 2011 年立项，确定开展"基于质量与效益提升的肉羊产业标准化研究"。为此，我们借助于国家现代肉羊产业技术体系这个平台，在首席科学家旭日干院士的领导和支持下，与该体系的岗位科学家和综合试验站站长开展了长期和广泛的合作，使我们对肉羊产业标准化的经济管理研究和技术研究紧密结合，其间所取得的一系列研究成果得到了相关专家和政府管理部门的认可。也正是在此项课题研究的基础上，我们申请了国家自然科学基金"基于市场导向的畜牧业标准化运行机理与绩效研究（71573257）"，并得到了立项批准。本书可以看作是该项课题的部分研究成果。

本课题是在耿宁博士学位论文《基于质量与效益提升的肉羊产业标准化研究》基础上修改完成的，她为本项研究做出了最重要的贡献。同时，本项研究也是集体协作的结晶，对本课题研究做出重要贡献的还有乔娟教授，夏晓平博士、时悦博士、薛建良博士、余红博士、谭明杰博士、尚旭东博士、李金亚博士、于海龙博士、董谦博士、叶云博士，孙瑞平硕士、郝亚玮硕士、蒋博轩硕士、易青硕士，在读博士生常倩、王士权、徐秋艳等。在此向所有参与和支持过本项目的人表示最衷心的感谢！

本课题的研究得到了国家现代肉羊产业技术体系（CARS－39）、国家自然科学基金"基于质量安全的畜产食品产业链优化机制研究

（70973123）"和"基于市场导向的畜牧业标准化运行机理与绩效研究（71573257）"的支持，在此表示特别的感谢！

耿宁　李秉龙

2016 年 2 月于中国农业大学